光文社古典新訳文庫

君主論

マキャヴェッリ

森川辰文訳

光文社

Title : IL PRINCIPE
1532
Author : Niccolò Machiavelli

凡例

本書の翻訳の底本として使用したのは Niccolò Machiavelli, *Il Principe*, nuova edizione a cura di Giorgio Inglese, Torino, Einaudi, 1995 である。

翻訳にあたっては以下の文献を参照した。

Il Principe by Niccolò Machiavelli, edited by L. Arthur Burd with an Introduction by Lord Acton, Oxford, At the Clarendon Press, 1891.

Il Principe, Introduzione e note di Federico Chabod, nuova edizione a cura di Luigi Firpo, Torino, Einaudi, 1961.

Il Principe e altri scritti, Introduzione e commento di Gennaro Sasso, Firenze, La Nuova Italia, 1963.

Il Principe e pagine dei Discorsi e delle Istorie, a cura di Luigi Russo, tredicesima edizione, Firenze, Sansoni, 1976.

Discorsi sopra la prima deca di Tito Livio, Dell'arte della guerra e altre opere 1, a cura di Rinaldo Rinaldi, Torino, UTET, 2006.

以上のイタリア語文献のほか、英訳としては Machiavelli, *The Chief Works and Others*, translated by Allan Gilbert, Vol. One, Durham, Duke University Press, 1965 を、邦訳としては、主として、現行岩波文庫版と筑摩書房『マキァヴェッリ全集』版を参照した。

いくつかの訳語について。

本書のイタリア語の表題にある principe（プリンチペ）は、「君主」だけでなく「統治者」一般をもあらわす言葉である。実際、マキャヴェッリは、『ディスコルシ（ローマ史論）』では共和政体における principi（principe の複数形）という用い方もしている。本書では君主政体を論じると断っているので、原則として「君主」と訳している。

本書で頻繁に出現する stato は、公的権力＝国家だけでなく領土や国（英語の country）から君主の地位や政権にいたる広範な意味で用いられている。そのため、文脈に応じて適宜訳し分けているが、訳者の主観も入っているために厳密な訳し分けとはなっていないことをお断りしておく。

grandi（グランディ）と populo（ポープロ、現代語では popolo ポーポロ）は「貴族」と「人民」と訳してあるが、これは厳密なものではない。『フィレンツェ史』ではマキャヴェッリはグランディのかわりに貴族を意味するnobili（ノービリ）を用いていることから「貴族」としたが、実際にはかなりあいまいな概念であり、狭義の貴族だけでなく、有力な市民、豪族をも含むものである。一方、ポープロは当時のイタリアにあっては貴族層に対抗する、主として商工業に従事する市民階層であり、上は貴族層に近いものから下は都市プロレタリアートに近いものまで広範な要素を含んでおり、一言で日本語に訳すことは困難である。ところが、本書でマキャヴェッリは、イタリアのみならず、古代ローマやオスマン帝国におけるポープロについても語っている。そこで、これらすべてをカバーする訳語として「人民」とした。

virtù（ヴィルトゥ）とfortuna（フォルトゥーナ）はマキャヴェッリにおいて重要な語句である。ヴィルトゥは古来キリスト教的な「徳」「美徳」をあらわす言葉であったが、マキャヴェッリは主として君主＝統治者の身にそなわる政治的・軍事的力量、政治的構想力の意味で用いている。だが、古来の意味が完全に消失したわけではなく、「徳」「美徳」の意味が込められている用法も見出される。そこで、原則として「力量」と訳し、それ以外の意味が込められていると思われるところは文脈に応じて訳し、こちらにはヴィルトゥのルビをふった。一方、フォルトゥーナは「運命」と訳される

6 ことが多いが、必ずしも超越的・不可抗的な力をおよぼすものではない。人間はフォルトゥーナを味方にすることも敵にまわすことも可能なのである。そこで、超越的・不可抗的な力をおよぼすものとしてとらえられている場合は「運命」と訳し、それ以外は「運」と訳した。

訳文中［　］内は訳者による補足である。

イタリア語の固有名詞はなるべく原音に忠実に表記したが、地名については、ミラーノではなくミラノ、ナーポリではなくナポリというように慣用表記を優先させた。

『君主論』＊目次

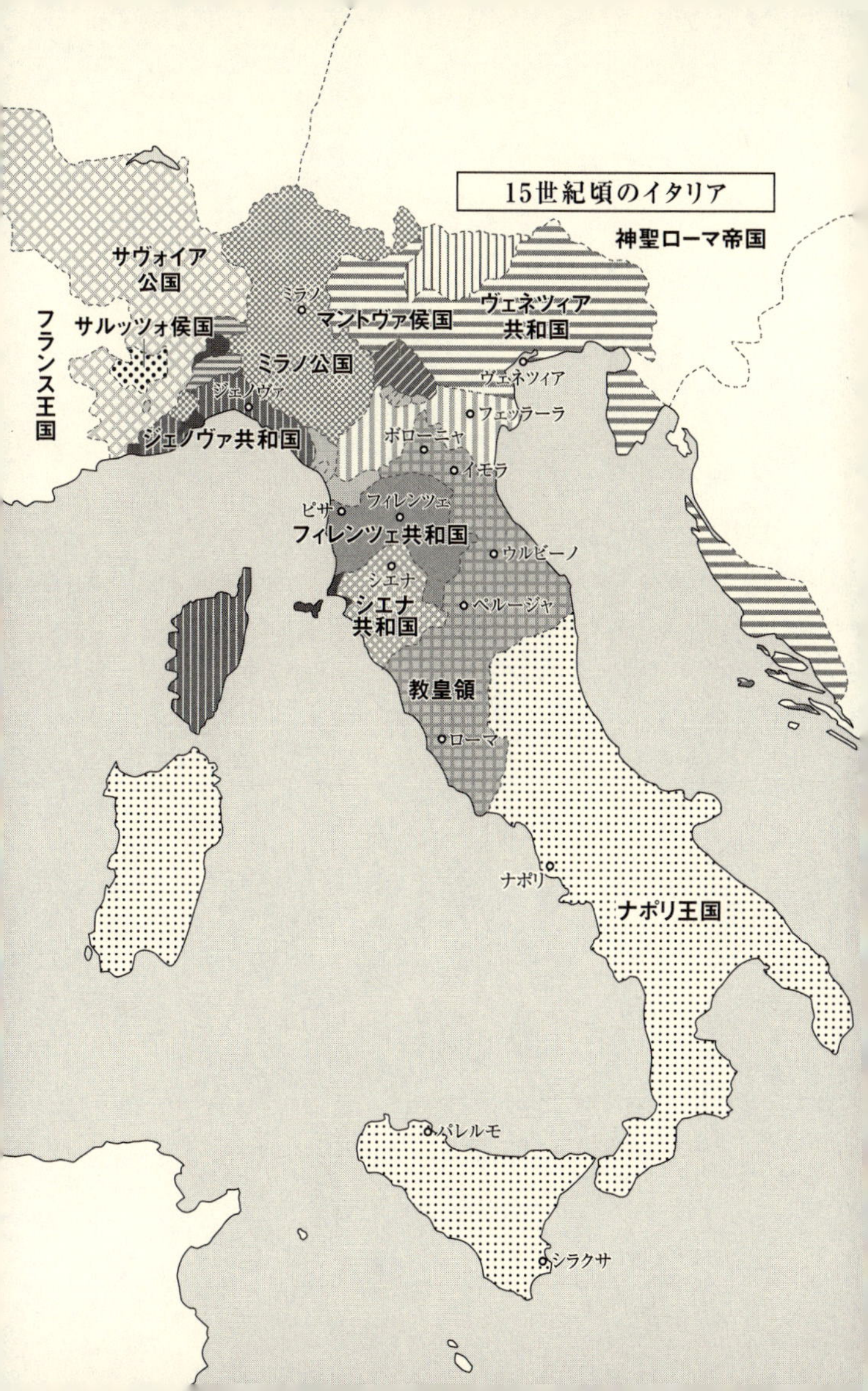

15世紀頃のイタリア
神聖ローマ帝国
サヴォイア
公国
フランス王国
サルッツォ侯国
ミラノ
マントヴァ侯国
ヴェネツィア
共和国
ミラノ公国
ジェノヴァ
ヴェネツィア
フェッラーラ
ジェノヴァ共和国
ボローニャ
イモラ
ピサ
フィレンツェ
フィレンツェ共和国
ウルビーノ
シエナ
ペルージャ
シエナ
共和国
教皇領
ローマ
ナポリ
ナポリ王国
パレルモ
シラクサ

君主論

偉大なるロレンツォ・デ・メディチ殿下(1)に

ニッコロ・マキャヴェッリ

君主のご厚情を賜ろうと望む者たちは、ほとんどつねに、自分の持ち物の中で最も貴重なものや、君主がより一層お喜びになるだろうと考えるものを携えて、君主にお目通り願うものであります。そこで、馬や武器、金の刺繡が施された織物、宝石その他の君主の偉大さにふさわしい装飾品が君主に贈られるのをしばしば目にいたします。そこで、私も殿下への献身のあかしとなるようなものを携えて殿下にお目通り願おうと思いましたが、私の財産の中には、偉大な人々の行動についての認識以上に貴重で評価できるものは見つかりませんでした。これは、近頃の出来事については長きにわたる経験によって、また、いにしえの出来事については絶え間ない読書によって学んだものであります。私はそれらの出来事を大いなる熱意をもって考察し検討し、いま、ささやかな小冊子にまとめましたので、それを殿下に献呈いたします。私といたしましては、この作品は殿下に献上いたすのにふさわしいようなものではないと考えておりますが、それにもかかわらず、殿下の寛大な御心から、受け取っていただけるに違いないと心から信じております。それというのも、私が長年にわたり、多くの困難と危険に直面しながら見極め理解したすべての事柄を、ごく短い時間で理解する能力を殿下に授けるこれ以上の贈り物を作ることは私にはできないこととお考え下さるだろうと思うからであります。私は、この作品を、多くの人々がその作品を叙述し飾り立てる際に用いるのがつねであるような、くどくどしい韻律や大げさで格調高い言葉や、そのほか読者の気を引くようなわざとらしい修辞やうわべの装飾で飾り立てたり満たしたりはいたしませんでした。なぜならば、私は、そのようなものが作品に栄誉を与えるようなことはまったく望まず、また、素材がさまざまであり、主題が重要であることによってのみ作品が喜ばれるようにと望んだからであります。また、私は、卑しい、最も低い身分の人間が君主のまつりごとを論じ、その基準を示したからといって、この作品が思い上がりもはなはだしいととがめられることも望んではおりません。なぜならば、風景を描く者が山々や高地の特性を知るためには低地に身を置き、低地の特性を知るためには山々の高みに身を置くのと同じように、人民の本性をよく知るためには君主である必要があり、君主の本性をよく知るためには人民の一員になることが必要であるからであります。

そういうわけでありますから、殿下はこのささやかな贈り物を、それをお贈りする心とともにお受け取りください。この小冊子を、殿下が念入りに考察され熟読されますれば、運やその他の資質が殿下に約束するあの偉大さへと到達なさってほしいとの、私の心からの願いがおわかりになることでありましょう。そして、殿下が、その高みの頂からこのような低地へとときおり目をお転じになるというようなことがございますれば、私がどれほど不当に、巨大な絶え間ない運命の敵意に耐えているかがおわかりになることでございましょう。

(1) ロレンツォ・デ・メディチ(一四九二〜一五一九)。ロレンツォ・デ・メディチ(イル・マニーフィコ)(一四四九〜一四九二)の孫。イル・マニーフィコが大ロレンツォと呼ばれるのに対し小ロレンツォと呼ばれる。一五一三年からフィレンツェの統治にあたっていた。一五一六年にウルビーノ公となる。

第一章　君主政体にはどれだけの種類があるか、またそれはどのようにして獲得されるのか

すべての国家は、すなわち、昔から今にいたるまで人々を支配してきたすべての統治権力は、昔も今も共和政体か君主政体かである。君主政体は、その支配者の血をひく者が長いあいだ君主であり続けている世襲の君主政体か、新しい君主政体かである。新しい君主政体は、フランチェスコ・スフォルツァ(1)にとってミラノがそうであったように、まったく新しいものか、スペイン王(2)にとってナポリ王国がそうであったように、それを獲得した君主の世襲の君主政体に手足のようにつけ加えられたものかである。このようにして獲得された領土は、一人の君主のもとで生活することになれているか、自由な生活になれているかである。そして、他者の武力によって獲得されたか、自前の武力によって獲得されたかであり、運によって獲得されたか、それとも、力量に

よって獲得されたかである。

(1) フランチェスコ・スフォルツァ(一四〇一～一四六六)。名高い傭兵隊長ムツィオ・アッテンドロの息子。ミラノ公フィリッポ・マリーア・ヴィスコンティの娘ビアンカ・マリーアと結婚。一四四七年、ミラノ公が死去するとミラノ市民が反乱を起こしアンブロジーア共和国が樹立され、フランチェスコは共和国総指揮官となりヴェネツィアとの戦争を指揮したが、ひそかにヴェネツィアと通じ、一四五〇年に共和政体を崩壊させミラノの支配権を奪った。

(2) カトリック王フェルディナンド(フェルナンド)(一四五二～一五一六)。フランス王ルイ一二世とグラナータ協定を結び(一五〇一)ナポリ王国を分割。その後両者のあいだに争いが生じ(一五〇二～一五〇四)、結果としてナポリ王国はスペインに帰属することとなった。

第二章　世襲の君主政体について

私は共和政体については論じないことにする。というのは、それについては他の機会に詳しく論じたからである[1]。そこで、ここでは君主政体だけをとりあげることとし、いま述べたことをたて糸として論述を織りあげ、これらの君主政体がどのように統治され保持されるべきかを論じることにしよう。

さて、私は、世襲の、自分たちの君主の血筋になれた国においては、新しい国におけるよりも、それを保持するのに、困難ははるかに少ないと言いたい。なぜなら、祖先たちのつくりあげた諸制度をおろそかにしないだけで十分であり、その後は周囲の状況に応じて行動すれば十分だからである。かくして、そのような君主が普通の才覚の持ち主であれば、なみはずれて強大な勢力が彼から国を奪うのでないかぎり、つねに自分の地位にとどまるであろうし、地位を奪われることになっても、彼から地位を奪った者に災難がふりかかれば、いつでもそれを取り戻すことであろう。

イタリアにおいては、そのような実例のひとつとして、フェッラーラ公がある。フェッラーラ公が一四八四年のヴェネツィアの攻撃に耐え、また、一五一〇年の教皇ユリウスの攻撃に耐えたのは、その領土のなかで古くから君主としての家柄が続いてきたという理由以外の何ものでもない(2)。なぜなら、世襲の君主は、新しく君主になった者にくらべて、臣民を害する理由も、害する必要もあまりないからであり、そのため、必然的により一層愛されることになるからである。そして、異常なほどの悪徳によって憎悪を招かないかぎり、臣民から自然にしたわれるのは当然のことである。また、統治権が古くから続いていれば、革新の記憶や原因は消えてしまう。なぜなら、改変はつねに次の改変を構築するための手がかりを残すからである。

（1）『ディスコルシ（ローマ史論）』をさす。マキャヴェッリは『ディスコルシ』第一巻の一八章まで書き上げたところで一時執筆を中断し、『君主論』執筆にとりかかったと考えられている。

（2）マキャヴェッリは二人のフェッラーラ公に言及している。ひとりはエルコレ・デステ（公位一四七一～一五〇五）、もうひとりはアルフォンソ・デステ（公位一五〇五～一五三四）である。前者はヴェネツィアに敗れ、後者はユリウス二世に敗れたが権力を保持することに成功した。

第三章　混合君主政体について

だが、新しい君主政体にはさまざまな困難がある。まず第一に――それがまったく新しい君主政体ではなく、ひとまとめにしておおよそ混合のものと呼ぶことができるような、手足としてつけ加えられた君主政体でも――そのさまざまな政変は、主として、すべての新しい君主政体におけるのと同じような、本来的な困難から生まれる。それは、人びとは事態が改善されるだろうと信じ、この確信から君主に対し武器を取り、進んで支配者を変えるということである。ところが、彼らは、このことについて思い違いをしているのである。なぜなら、彼らは、後になってから経験を通して、事態がもっと悪くなったことを知るからである。こうしたことは自然かつ当然の別の必然性から生じる。この必然性とは、新しく君主になった者が、軍事力によるにせよ、またそれ以外の、新たな獲得につきまとう無数の破壊行為によるにせよ、つねに臣民に危害を加えざるをえないということである。かくして、君は、[1]君の君主政体を我が物とするにあたり危害を加えたすべての者を敵にまわすのであり、君を君主の地位につけた者たちを味方として確保することもできない。それというのも、彼らが想定していたとおりに彼らを満足させることができず、だからといって、彼らには恩義があるので、彼らに対し強力な薬［強硬手段］を用いることもできないからである。なぜなら、軍事力に依拠したきわめて強力な者であったとしても、ある地域に侵入するときには、つねにその地域の住民たちの好意を必要とするからである。これらの理由により、フランス王ルイ一二世は、あっという間にミラノを占領し、あっという間にこれを失ったのである。そして、ルイ一二世からミラノを取り戻すのに、最初はロドヴィーコ自身の兵力で十分であった。[2]というのは、ルイに対して市門を開いた人民は、自分たちの考えていたことが裏切られ、想定していた未来の幸福が裏切られたことがわかると、新しい君主の腹立たしい振る舞いに耐えられなかったからである。

(1) マキャヴェッリは二人称の敬称「あなた」を用いずに「君」を用いており、ときには「諸君」という表現も顔を出す。おそらく「政治術指南」の役割に徹しているのであろう。

しかしながら、反乱を起こした地域を取り戻した場合には、この地域はなかなか失われるものではないというのは真実である。なぜなら、支配者は、反乱から機会をつかむと、さほどためらうことなしに罪ある者を罰し、疑わしい者を摘発し、もっとも弱い部分の防備を固めることで自らの安全を確保するからである。かくして、フランスにミラノを失わせるのに、最初はロドヴィーコ公ひとりが国境で騒ぎ立てるだけで十分であったが、その後、二度目にミラノを失わせるためには、フランス王に全世界が対抗し、フランス軍が撃破されるかイタリアから追い払われるかしなければならなかった(3)。こうしたことはいま述べた理由から生じたのである。とはいえ、一度目も二度目も、フランス王はミラノを失った。一度目についての一般的理由は考察した。いまは二度目の理由について述べ、フランス王がどのような治療法をもっていたのか、フランス王と同じ状況に置かれた者が、フランス王よりも巧みに獲得した国で権力を保持するためにはどのように対処することができるかを検討することが残されている。

それゆえ、私は、征服されて、征服した者が古くからわがものとしている国につけ加えられたこれらの国は、同じ地域、同じ言語のものかそうでないかだと言いたい。同じ地域、同じ言語のものである場合は、それを保持するのはきわめてたやすいことである。とくに、そこの住民が自由な生活になれていない場合にはそうである。そして、そのような国を確実に保持するためには、そこを統治してきた君主の血筋を絶やしてしまうだけで十分である。なぜなら、そのほかの事柄については、住民たちに古くからの状態を維持してやり、風習に変わりがなければ、人びとは落ちついて暮らしてゆくからである。これは、フランスにつけ加えられて長い年月が経過した、ブル

(2) ルイ一二世は、祖母ヴァレンティーナ・ヴィスコンティからミラノ公国の相続権を継承したと主張して、ヴェネツィアと同盟し、一四九九年二月、フランス宮廷に亡命していたジャン・ジャコモ・トリヴルツィオが率いる軍隊をイタリアに送り込み、九月にミラノを占領。ミラノ公ルドヴィーコ（マキャヴェッリはロドヴィーコと表記している）・イル・モーロは神聖ローマ皇帝マクシミリアン一世を頼ってドイツに逃れた。だが、ミラノ人はトリヴルツィオとフランス軍の虐政に憎悪をつのらせて蜂起し、一五〇〇年二月、イル・モーロはミラノを奪還し対仏戦争を再開したものの、傭兵としていたスイス兵に裏切られて捕虜となり、フランスに送られ、一五〇〇年四月、幽閉されたまま死去した。

(3) 教皇ユリウス二世の働きかけで、イタリアからフランスを駆逐するために、教皇、スペイン、ヴェネツィアの間で神聖同盟が結成された（一五一一年一〇月）。ラヴェンナの戦い（一五一二年四月一一日）でフランスが勝利したものの、指揮官ガストン・ド・フォアが戦死したためにフランス軍は撤退を余儀なくされた。

ゴーニュ、ブルターニュ、ガスコーニュ、ノルマンディ(4)に見られるとおりである。いくらか言語に違いがあっても、風習が同じようであるために、お互い同士がたやすく認め合うことができるのである。そして、これらの国を獲得した者は、それを保持しようとすれば、二つの事柄を守らねばならない。ひとつは、古くから統治していた君主の血筋を絶やすことであり、もうひとつは、住民たちの法律も税金も変えないことである。そうすれば新しくつけ加えられた国は、彼らの古くからの君主政体とごく短い時間で完全に一体となる。

だが、言語、風習、制度が異なる地域にある国を獲得したときには、さまざまな困難が生じ、それらの国を維持するためには大きな幸運と大きな才覚をもっていることが必要となる。そして、もっともすぐれた、かつ、もっとも有効な方策のひとつは、それらの国を獲得した者が自らそこに行って住むことである。こうすることで、トルコがギリシアに対して行なったように(5)、その領有はより確固とした、より永続的なものとなるであろう。その国を維持するためにそのほかのすべての手段が守られたとしても、トルコ王がそこに行って住まなかったなら、その国を維持することは不可能だったであろう。なぜなら、そこに住んでいれば、混乱が生じるのを目にしたら直ちに対処することができるからである。そこに住んでいなければ、事態が大きくなってから知ることになり、その時にはもはや対処のしようがない。これに加えて、そこに住んでいれば、その地域を君の役人たちに奪い取られることもない。臣民たちは近くにいる君主に頼れることに満足し、その結果、よき臣民たろうとする者はより一層君主をしたうことになり、そうでない者は君主を恐れることになる。外からその国を攻撃しようとする者はより慎重になる。そういうわけで、そこに住んでいれば、めったなことではそこを失うことはない。

もうひとつの最良の方策は、新たに獲得した国の一、二か所に植民を送りこむことである。そうすれば、その国の足かせとなることであろう。なぜなら、この方策をとるか、さもなくば、騎兵と歩兵を多数その地に駐屯させることが必要だからである。植民には多くの費用がかからない。新しく君主になった者はまったく出費なしで、あ

(4) ブルゴーニュは一四七七年、ブルターニュは一四九一年、ガスコーニュは一四五三年、ノルマンディは一二〇四年にフランスに併合された。

(5) ここではバルカン半島全体をさしている。一四五三年のコンスタンティノポリスの占領をもってヨーロッパにおけるオスマン帝国の基礎が築かれることになった。

るいはわずかの出費で植民を送りこみ維持することができる。新しい住民に与えるために、耕地や家をとりあげられた者たちだけが損害をこうむることになるが、彼らはその国のなかでごくわずかの部分をしめるにすぎない。そして、新しい君主によって損害をこうむった者たちは、ばらばらになり貧困におちいるので、決して君主を害することができない。また、それ以外の者たちはすべて、一方では、損害をこうむらずにすみ――このために、彼らは波風を立てることはないであろう――、他方では、略奪された者たちに起こったことが自分たちにも起こるのではないかという不安から、過ちを犯さないようにびくびくしている。私は次のように結論づけたい。このような植民には費用がかからず、彼らはより忠実であり、わずかの者にしか損害を与えず、いま述べたように、損害をこうむった者は貧困におちいりばらばらになってしまうので君主を害することはできないのだ、と。この点に関して注意すべきは、人間は甘やかされなければならないか抹殺されなければならないか、そのどちらかだということである。なぜなら、軽微な危害については復讐するが、深刻な危害については復讐できないからである。したがって、誰かに危害を加える場合には、復讐を恐れなくてもいいようになされなくてはならない。だが、植民のかわりに軍隊を駐屯させるとはるかに多くの費用がかかり、新たに獲得した国の全収益を駐屯軍に費やさなければならず、このために獲得が損失にかわってしまう。自分の軍隊をあちこちに移動、宿営させるので、新たに獲得した国全体を害することになり、はるかに多くの者たちに損害を与えてしまうのである。そのようなことから生じる不快さを誰もが感じとり、一人ひとりが君主の敵になる。打ち負かされたとはいえ彼らは自分の国にとどまっているのだから、君主を害することができる敵なのである。したがって、どのような見地からも駐屯軍を用いるのは無益であり、植民を用いるのは有益である。

さらに、先に述べたように、言語、風習、制度などが異なる地域に住む君主は、近隣の弱小勢力の長にして擁護者となり、その地域の強大な勢力を弱体化するようにつとめ、何らかの不測の事態によって自分と同じくらい強力な外国勢力が入りこまないように用心しなければならない。あまりにも大きな野心のために、あるいは恐怖のために、不満を抱く者たちの手によって強力な外国勢力が引き入れられるということはつねに起こるであろう。それは、アイトリア人がギリシアにローマ人を引き入れた時⑥に見られたとおりである。そして、ローマ人が入りこんだそのほかのどんな地域でも、ローマ人はその地域の住民たちによって引き入れられたのである。そうすると当然次のようなことが起こる。ある地域に強力な外国勢力が入りこむやいなや、その地域の弱小勢力は、彼らの上に力をふるってきた者に対する妬《ねた》みに突き動かされて、外国勢力に与《くみ》するのである。したがって、こうした地域内弱小勢力については、君主は、彼らを味方につけるために、なんの苦労も必要としない。なぜなら、彼らはすぐに、君主がその地域で獲得した国家とすすんで一体となろうとするからである。君主は、これらの弱小勢力が力や権威を持ちすぎないようにすることだけを考えなければならない。そうすれば、彼は自分の力と弱小勢力の支持とによって強大な勢力をたやすく弱体化させることができ、その地域の完全な支配者にとどまることができる。こうしたことをうまく処理しない者は獲得したものをたちまち失うことになるであろう。そして、獲得したものを保持しているかぎり、限りない困難と面倒な事柄を抱えることになるであろう。

ローマ人は、手に入れた地域で、これらの規則を遵守した。植民を送りこみ、弱小勢力の力を増大させることなく彼らを手なずけ、強大な勢力を弱体化し、強力な外国勢力が威信をほしいままにするのを許さなかったのである。その例としてギリシアという地域をあげるだけで十分だと私は思う。アカイア人とアイトリア人はローマに手なずけられ、マケドニア王は弱体化され、アンティオコスは追放された。また、アカイア人とアイトリア人の功績ゆえにローマ人が彼らに勢力の拡大を許すということもまったくなかったし、フィリッポスが甘言を弄しても彼を弱体化することなしに味方にするということもなかった。また、アンティオコスの力をもってしても、その地域で彼が何らかの領土を確保することをローマ人に認めさせることはなかった。(7) それゆえ、ローマ人は、これらの事例で、すべての賢明な君主がしなければならないことをしたのである。すなわち、賢明な君主は、現在の紛争だけでなく将来の紛争にも配慮しなければならず、しかも紛争に対してはあらゆる努力を尽くして備えなければならないからである。なぜなら、あらかじめ予見すればたやすく対処できるが、紛争が生

(6) 実際にはローマ軍はアイトリア人によってギリシアに引き入れられたのではなく、マケドニアのフィリッポス五世がローマに敵対するハンニバルを支援していたので、マケドニアと戦うためにギリシアに侵攻したのである。

(7) つまりアカイア人とアイトリア人は「弱小勢力」、マケドニアのフィリッポス五世は「強大な勢力」、シリアのアンティオコスは「強力な外国勢力」である。マキャヴェッリが言及しているのは前二〇〇年から前一八九年の出来事である。

じるのを待っていては薬［対処］が間に合わないからである。というのも、病が手のほどこしようがないものになってしまうからである。そして、この病の場合にも、医者が肺病について言っているようなことが起こるのである。つまり、病の初期には治すのはたやすいが見つけるのは難しく、時の経過とともに、初期に見つからず治療もされなかったために、たやすく病を見つけることができるようになるが、治療は難しくなるのである。国家をめぐる事柄においても同じようなことが生じる。なぜなら、国家のなかに生まれる病を早期に発見すれば——こういうことは思慮深い者にしかなしえないのだが——速やかに治すことができるが、早期に発見できなかったために誰にでもわかるところまで病が進行するのを放置してしまった場合には、もはや対処のしようがないからである。

それゆえ、ローマ人は早くに不都合な事態を認めるとつねに治療を施したのである。そして、戦争を避けようとして不都合な事態が現実のものとなるがままに放置することはなかった。なぜなら、戦争は避けられず、開戦を遅らせれば相手が有利になるということを知っていたからである。それゆえ、ローマ人はフィリッポスとアンティオコスを相手にギリシアで戦うことを望んだのであり、それはイタリアで彼らと戦わないようにするためであった。ローマ人にはどちらの戦争も避けることができたのだが、彼らはそれを望まなかったのである。現在の賢者たちが口にする、時の恵みを頼みにするということは決してローマ人の好むところではなかった。そうではなくて、彼らはむしろ自分たちの力量と思慮深さを頼みにしたのである。なぜなら、時というものはどんなものも前へと追い立て、悪と同じように善を、また、善と同じように悪を引き連れていくからである。

だが、フランスに立ち戻って、フランス王がこれまでに述べた事柄のうち何か実行したかどうかを検討することにしよう。そして、シャルル(8)ではなくルイについて語ることにする。ルイはシャルルよりもイタリアにおいてより長期間支配権を保持したために、そのふるまい方をよりよく見ることができるからである。そうすれば、彼が、風習や制度などの異なる地域において国家を保持するためになされなければならないことと反対のことを行なったということがわかるであろう。ルイ王はヴェネツィア人

(8) シャルル八世のこと。一四九四年から翌年にかけてイタリアに遠征した。ルイ王については本章の注2および注3参照。

の野望によってイタリアに引き入れられた。ヴェネツィア人はルイの到来によってロンバルディアの領土の半分を手に入れようとしたのである。私は王が下したこのような決断を非難するつもりはない。なぜなら、一歩でもイタリアに足を踏み下ろそうと思っても、この地域には味方がおらず、それどころかシャルル王の挙動のおかげで扉がすべて閉ざされていたので、誰であろうと味方にせざるをえなかったからである。他の政治的処理においていくつかの誤りを犯さなかったならば、彼が下した判断は十分成功したことであろう。そういうわけで、王はロンバルディアを手に入れるとすぐに、シャルルにとりあげられてしまっていた名声を取り戻した。ジェノヴァは降伏し、フィレンツェ人は味方につき、マントヴァ侯、フェッラーラ公、ヴェンティヴォリオ家、フォルリの奥方、ファエンツァ、リミニ、ペーザロ、カメリーノ、ピオンビーノの領主たち、ルッカ人、ピサ人、シエーナ人、誰もが友好を求めて王を出迎えた。このときになってようやく、ヴェネツィア人は自分たちがとった方策が無謀な行ないであることに思いいたることができたのであった。彼らは、ロンバルディアのわずかな都市を手に入れるつもりだったのに、フランス王をイタリアの三分の二の支配者にしてしまったわけである。

さて、フランス王が前述の規則を遵守し、自分の味方になったすべての者の安全を確保し、彼らを守っていたなら、ごくわずかの困難しかともなわずにイタリアでの名声を保持できたであろうということをよく考えるべきである。彼らは、数は多くても弱体であり、ある者は教会におびえ、またある者はヴェネツィア人におびえており、つねにフランス王とともにいざるをえなかったのである。したがって、王は、彼らの助けを借りれば、イタリアにおいて強大であり続ける者の脅威からたやすく身を守ることができたであろう。だが、王は、ミラノに入るや否や反対のことを行なった。教皇アレクサンデル(9)がロマーニャを占領できるように手を貸したのである。また、このような決断を下したことによって、彼の味方や彼に跪《ひざまず》いた者たちを離反させ、自らを弱体化させ、教会を強大化し、教会に大いなる権威を与えていた精神的権力に、それと同じくらい強大な政治的権力をつけ加えてしまったことに気づかなかったのである。そして、ひとたび最初の過ちが犯されると、過ちを続けざるをえなくなったので

(9) アレクサンデル六世のこと。俗名はロドリーゴ・ボルジャ。この教皇と息子チェーザレの行なったことに関しては第七章参照。

ある。アレクサンデルの野望に終止符を打つために、そしてアレクサンデルがトスカーナの支配者にならないようにするために、自らイタリアにやって来ざるをえないということになってしまったのだ[10]。

フランス王には教会を強大にし味方を離反させるだけでは足りなかった。ナポリ王国をわがものにしようとしてスペイン王とナポリを分けあったのだ。そして、先にイタリアの支配者になっていたにもかかわらず、仲間を引き入れ、この地域の野心家たちや、王に不満を抱く者たちが拠り所を持つようにしてしまったのである。そして、ナポリ王国に自分に貢いでくれる王[11]を残しておくことができたにもかかわらず、ナポリ王を排除し、その代わりに、自分を追い払うことができるほどの力を持った者を後釜にすえてしまったのである。領土を獲得しようと望むことは当然至極のことである。その能力のある者が領土を獲得する場合はつねに称賛され、非難されることはないであろう。ところが、能力のない者がなんとしても領土を獲得しようとする場合には、そこに非難すべき過ちがある。したがって、フランスが自らの兵力をもってナポリを攻略できたのならそうすべきだったのである。それができないのならナポリを分けあってはならなかったのだ。ヴェネツィア人とロンバルディアを分けあった時には、そうすることによってイタリアに足を踏み下ろしたのだという言い訳に値したとしても、このたびは領土を分けあう必要があったという言い訳が成り立たないから非難に値するのである。

したがって、ルイは次のような五つの過ちを犯したわけである。弱小勢力を消滅させたこと、イタリアにおいてすでに強大であった者[12]の力を増大させたこと、イタリアにきわめて強大な外国勢力[13]を引き入れたこと、イタリアに移り住まなかったこと、イタリアに植民を送りこまなかったことがそれである。ヴェネツィア人から領土を取り上げるという六番目の過ち[14]を犯さなかったなら、ルイが生きている間にこれら五つの過ちが彼に打撃を与えるということはありえなかったであろう。なぜなら、ルイが教会を強大にせず、また、イタリアにスペインを引き入れていない時なら、ヴェネツィ

(10) マキャヴェッリの記述とは異なり、フランスがイタリアに侵攻したのは、実際にはナポリ王国におけるスペイン軍に対する戦争準備のためであった。
(11) アラゴン家のフェデリーコ一世のこと。
(12) すなわち教皇アレクサンデル六世。
(13) すなわちスペイン王フェルディナンド（フェルナンド）。

ア人を弱体化させることは理にかなっており必要だったからであるが、［教会を強大にし、スペインをイタリアに引き入れるという］最初の決断を下してしまったら、ヴェネツィア人の破滅を決して認めてはならなかったからである。なぜなら、ヴェネツィア人が強力であれば、彼らは、つねに、他の諸勢力をロンバルディアでの軍事的目論見から遠ざけたはずだからである。また、なぜなら、ヴェネツィア人は、自分たちが支配者にならないかぎり、そのような目論見を認めなかったはずだからである。また、なぜなら、他の諸勢力は、ヴェネツィア人にロンバルディアを与えるためにフランスからロンバルディアを取り上げようなどとは思わなかったはずだからである。そして、［ヴェネツィアとフランスという］二つの国をひとまとめにして衝突するほどの気概を持たなかったはずである。

ルイ王は戦争を避けるためにロマーニャをアレクサンデルに譲り、ナポリ王国をスペインに譲ったのだと言う者があれば、私は先に述べた理由によって次のように答えよう。戦争を避けるために、混乱が続くがままにしては決してならない。というのは、戦争は避けられず、結局、君が不利な立場になるまで延期されるだけなのだから、と。また、王は、教皇に自らの婚姻の解消とルーアンの枢機卿の帽子の見返りとして、教皇のためにあのような戦争をするという約束をしたのだと申し立てる者があれば、私は、君主の信義について、また、いかに信義を守るかについて後に述べることによってこれに答えることにしよう。[15]

こうしてルイ王は、新たな地域を手に入れそれを保持しようと望んだ者が守ったあの規則を、何ひとつとして守らなかったためにロンバルディアを失ってしまった。また、これはまったく驚くべきことではなく、ごく当たり前で理にかなったことなのである。私はこの件について、ヴァレンティーノ公——教皇アレクサンデルの息子チェーザレ・ボルジャは通常このように呼ばれていた——がロマーニャを占領した時、ナントでルーアン［ジョルジュ・ダンボワーズ］と話し合ったことがある。それという

(14) ヴェネツィアに対抗して、教皇ユリウス二世、神聖ローマ皇帝マクシミリアン一世、スペイン王フェルディナンド（フェルナンド）、ルイ十二世の間に結ばれたカンブレー同盟（一五〇八）、および、ヴァイラの戦い（一五〇九）に勝利してヴェネツィアからクレモナ、ベルガモなどを奪ったことをさす。

(15) フランスからの援助の見返りとして、教皇アレクサンデル六世は、ルイがシャルル八世の未亡人アンヌと再婚するために離婚することを認め、ルイの側近ルーアンの大司教ジョルジュ・ダンボワーズを枢機卿にすることに同意したといわれる。

のも、ルーアンの枢機卿が私にイタリア人は戦争がわかっていないと言ったので、私は、フランス人は国家にかかわることがわかっていない、と答えたことがあるからである。なぜなら、それがわかっていたら、教会があれほどまでに強大になるがままにすることはなかっただろうからである。そして、経験からわかることは、イタリアにおいて教会とスペインが強大になったのはフランスに原因があり、フランスの破滅はこれら二つの勢力が原因だということである。ここから次のような法則が引き出されるが、この法則は決して、あるいは、めったに誤ることがない。それは、ある者が強大になる原因を作り出した者は破滅する、というものである。なぜなら、こうした強大な力は才覚を備えるか武力を備えるかした者が原因となって生み出されるのであるが、これら両者のどちらも、強大になった者から疑いの目を向けられるからである。

第四章　アレクサンドロスに征服されたダレイオス王国が、アレクサンドロスの死後、その後継者たちに対して反乱を起こさなかったのはなぜか

新たに獲得した領土を維持する際に出会う困難を検討してみて、次のようなことがどうして起こったのかと驚く者があるかもしれない。それは、アレクサンドロス大王[1]はわずか数年でアジアの支配者になったが、アジアを征服するとすぐに死んでしまったので、新たな領土全体が反乱を起こすのが当然だと思われるにもかかわらず、アレクサンドロスの後継者たちはこの領土を保持しつづけ、それを維持する際に、自分たちの野望によって仲間同士の間に生まれた困難以外、どのような困難も生じなかったということである。私は次のように答えたい。それは、人びとの記憶に残された君主

政体は二つの異なるやり方で統治されていたということである。ひとつは、一人の君主とそれ以外の全臣下によって統治されるやり方であり、これらの臣下たちは、君主の厚情と裁可によって任命された行政官として君主の王国統治を補佐する。もうひとつは、一人の君主と封建諸侯によって統治されるやり方であるが、これらの封建諸侯は支配者の厚情ではなく、古くからの血のつながりによってその地位を保持している。こうした封建諸侯は自分自身の領土と臣民を持っており、この臣民たちは彼を君主として認め、彼に自然な親愛の情を抱いている。一人の君主と臣下たちによって統治される国家では、君主にはより大きな権力がある。なぜなら、その全地域において、彼にまさる権力を認められるような者は誰もいないからである。彼以外の誰かに服従するとしても、その人物が行政官や役人であるがゆえにそうするのである。格別な親愛の情を抱いているのはひとり君主に対してのみである。

この二つの異なる統治の仕方の例は、現代においてはトルコとフランス王である。

(1) アレクサンドロス大王（前三五六〜前三二三）。前三三六年に父マケドニア王フィリッポス二世のあとを継いでマケドニア王となった。彼のアジア征服は前三三四年のペルシア帝国侵攻をもって始まり、前三二七年に征服をなしとげたが、その四年後に死去した。

トルコ君主国の全体は一人の君主に統治されている。他の者たちは支配者の臣下である。君主は王国を行政区《サンジャッキエ》(2)に分け、そこにさまざまな行政官を派遣し、思いのままに彼らを入れ替え転任させる。だが、フランス王は、その領土のなかで、古くから続く多数の封建諸侯に囲まれており、これらの諸侯はその臣民たちから君主と認められ愛されている。彼らは特権を持っていて、王は危険を冒すことなくして諸侯たちからその特権を取り上げることはできない。したがって、この二つの国家をそれぞれ考察する者は、トルコの国家を手に入れるのは困難だが、ひとたび勝ち取ってしまえばそれを保持するのはきわめて容易であることがわかるであろう。これとは反対に、フランス王国を占領するのはいくつかの点でより容易であるが、それを保持するのはきわめて困難だということがわかるであろう。

トルコ王国の占領に成功するのが困難であるというその理由は、その王国の主だった高官たちによる手引きがあり得ないだけでなく、また、王の側近たちの謀反によって君の征服事業を容易にすることも望めないことにある。このことは先に述べた理由から生じる。なぜなら、これらの側近たちはすべて王の忠実な僕《しもべ》であり、王に縛りつけられているので、彼らを買収するのはさらに困難であり、たとえ彼らが買収された場合でも、先に示した理由により彼らが人民を従えてくることはありえないので、彼らが役に立つという望みはほとんどないからである。そこで、トルコを攻撃する者はトルコ全体が一つに団結しているだろうと考えるべきであり、敵の混乱を頼みにする以上に自軍の力を頼みにする必要がある。だが、敵を打ち破って軍隊を作り直すことができないほど戦場で撃破してしまえば、君主の血筋のほかは何も恐れないでよい。この血筋が絶えてしまえば、恐れなければならない者は誰も残らない。君主の血筋以外の者は人民のもとでは信望を得ていないからである。そして、勝利した者は、勝利以前に人民を頼りにすることができなかったのと同様に、勝利したあとも人民を恐れなくてよい。

フランスのように統治されている王国においてはこれとは逆のことが起こる。というのは、君がその王国の封建領主のある者を味方につければ、君は容易にその王国へ侵入できるからである。なぜなら、不平分子や政変を望む者はつねに見出されるからである。先に述べた理由により、こうした連中は君に対してその領土への道を開くこ

（2）もともとは行政長官を意味するトルコ語だが、ここでは行政区の意味で用いられている。

とができ、君が勝利をおさめるのを容易にすることができる。だが、勝利したあとで君が権力を維持しようとすれば、君を援助してくれた者たちとも、君が抑圧した者たちとも、無数の困難な事態を引き起こすことになる。また、君主の血筋を絶やすだけでは不十分である。なぜなら、新たな政変の首領になろうとする諸侯が残っているからである。そして、彼らを満足させることも消滅させることもできないので、機会が到来すればいつでも、君はこの新しい領土を失うことになる。

さて、諸君がダレイオス(3)の統治の仕方がどのような性質のものであったかを考察するならば、それがトルコの王国に似ていたことがわかるはずである。だから、アレクサンドロスは、まず初めに、全軍をもってダレイオス軍と対決し、敵軍が戦場にとどまれないようにする必要があったのである。そのような勝利の後でダレイオスが死んだことにより、先に述べた理由で、アレクサンドロスにとってその新たな領土は確固たるものとなった。そして、アレクサンドロスの後継者たちは、結束しているかぎり平穏にその領土を享受することができたのである。また、その王国のなかでは、後継者たち自身が引き起こしたもののほかは、どのような騒乱も生まれなかった。だが、フランス王国のように統治されている国を同じように平穏きわまりなく領有することは不可能である。ここから、ローマ人に対する、スペイン、フランス、ギリシアの多数の反乱が起こったのである。それというのも、これらの国には諸侯が支配する多くの国家があったからである。それらの国家が記憶され続けているうちは、ローマによる領有は不確かなものであった。だが、ローマ帝国の力と長期にわたる支配の継続によってそうした記憶が消えてしまうと、ローマによる領有は確固たるものとなった。そして、後続の世代の指導者たちも、内乱を戦いながら、それぞれが自分の属州内で獲得した権力に応じて、それら属州の一部を従えることができたのである。そして、それらの地域は古くからの支配者の血筋が消滅したために、ローマ人以外支配者として認められたことはなかったのである。したがって、これらの事柄をよく考えるならば、アレクサンドロスがアジアの領土を容易に保持し、その他の者たちは、ピュロス(4)その他大勢のように、獲得した領土を維持するのが困難だったことに驚く者は誰もい

(3) ペルシア王ダレイオス三世。イッソスとアルベラの戦いでアレクサンドロス大王に大敗し、その後臣下に殺害されアケメネス朝ペルシアは滅亡した。
(4) 古代ギリシアのエペイロス王。カルタゴと戦ってシチリアを獲得したが、反乱の勃発によって放棄せざるをえなくなった。

ないであろう。それは勝利者の力量の差から生じたのではなく、状況の違いから生じたのである。

第五章　占領以前に自分たち自身の法によって生活していた都市や君主政体をどのように統治しなければならないか

これまでに述べたように、獲得された諸国が自分たち自身の法によって自由に生活するのになれている場合、それらを保持するのには三つの方法がある。第一はそれらを破壊することである。第二は自らそこに移り住むことである。第三は彼ら自身の法によって生活するのを認め、税金をとりたて、国内に少数者からなる政府を創設し、その国が君に対して友好を保つようにすることである。というのは、そのような政府は新しい君主によって創設されたものであるから、この君主の好意と力がなければたちゆかないことがわかっており、君主を守るためにはどんなことでもしなければならないからである。そして、自由な生活になれている都市を破壊せずに保持しようと望むなら、そこの市民たちを用いれば他のどんなやり方よりも容易にその都市を確保できるからである。

そのような例としてスパルタ人とローマ人がある。スパルタ人はアテナイとテーバイを確保し少数者からなる政府を創設したが、それにもかかわらず、それを失ってしまった(1)。ローマ人は、カプア、カルタゴ、アマンティアを確保するためにそれらを破壊し、どれも失うことがなかった(2)。ところが、ギリシアを確保しようとしてスパルタ人とほとんど同じやり方をとり、ギリシアを自由なままにし、ギリシアの法をそのままにしておいたところ、うまくいかなかった。そのため、この属州を確保するために多くの都市を破壊せざるをえなかった。なぜなら、実のところ、自由な生活になれた都市を領有するには、破壊する以外に確かなやり方はないからである。そして、自由な生活になれた都市の主人となったのにこれを破壊しない者は、この都市によって自

(1) スパルタはペロポネソス戦争に勝利して、前四〇四年、アテナイに寡頭政を樹立した（三十人僭主）が翌年には覆された。また、前三八二年、テーバイにも寡頭政を樹立したが前三七九年にこれも失った。

(2) カプアはカンナエの戦いのあと、前二一六年にローマに対して反乱を起こし、実際には破壊されなかった。

分が破滅させられるのを待つことになる。なぜなら、このような都市は、反乱における心の支えとして自由という名前と古くからの諸制度とをつねに持っているからであり、この二つは、長い時間が経過しても、恩恵がほどこされても、決して忘れられはしないからである。そして、何がなされても、どんな方策が講じられても、住民たちが分裂させられるか四散されるかしないかぎり、彼らは、その名前も制度も忘れず、何か突発事態が起こればたちまちそれらに立ち戻るのである。フィレンツェ人によって隷属させられたピサがそうしたように(3)。

だが、都市や地域が一人の君主のもとで生活するのになれていて、その君主の血筋が消滅した時には、一方では住民たちが服従することになれているので、またもう一方では古い君主を失ってしまっているので、彼らの間で一人の君主をたてることについて意見が一致せず、また自由な生活も知らない。そのために、武器をとるのに手間取り、君主はより容易に彼らを味方につけ、自分に刃向わないようにすることができる。だが、共和政体においては、活力はより大きく、憎しみもより大きく、復讐を求める欲求もより強い。古くからの自由の記憶は彼らを休ませず、また休ませることなどありえないのである。だから最も安全な道はその国を消滅させることであり、そうでなければそこに移り住むことである。

（3）フィレンツェは一四〇五年にピサをヴィスコンティ家から買い取り一四〇六年に併合したが、一四九四年フランス王シャルル八世の南下を利用してピサは反乱を起こし自由を取り戻した。

第六章　自らの軍事力と力量によって獲得した新しい君主政体について

まったく新しい君主政体について、君主について、国家について、これから私が話すことのなかでこの上なく偉大な例を持ち出したとしても、誰も驚いてはならない。なぜなら、人間は他の人びとが踏み固めた道を歩むのであり、彼らの行ないを模倣し続けるのだが、他人とまったく同じ道を進むこともできなければ、君が模倣する人たちの力量に達することもできないのだから、賢明な人間はつねに偉大な人たちが踏み固めた道を通って行くべきであり、最も優れた人たちを模倣すべきだからである。自分の力量が偉大な人たちの力量におよばなくても、せめてその香りだけでも発散させるように。そして賢明な射手と同じようにすべきなのである。射手にとっては射ぬこうとする場所があまりに遠くに思われても、自分の弓の力がどれほどのものかわかっているので、目標よりも高く狙いをつけるのである。それは自分たちの矢がはるか高いところへ飛んでいくようにするためではなくて、高めに狙いをつけるという助けを借りて、狙い通りのところへ矢を飛ばすことができるようにするためなのである。

したがって、私は、新しい君主が支配するまったく新しい君主政体においては、それを獲得した者がどれだけ力量を有しているかによって、それを維持する困難さが左右されるのだと言いたい。そして、私人の身分から君主になるというこのような出来事は、力量か、さもなくば運を前提とするので、この二つのどちらもが多くの困難をいくぶんかは和らげるようにみえる。しかしながら、あまり運に頼らなかった者のほうがより長く君主の地位を維持するのである。さらに、他に領土を持っていないために新たに獲得した国に自ら移り住まざるをえない君主は、その地位を維持するのが容易になる。

だが、運ではなくて自らの力量によって君主となった者について語るとすれば、最も秀でているのはモーゼ、キュロス、ロムルス、テーセウスなど(1)である、と私は言い

(1) ここであげられた人物のうち実在したのはキュロス（アケメネス朝ペルシアの創始者）のみである。

たい。モーゼは神に命令された事柄の実行者にすぎないので論じなくてよいが、それにもかかわらず、彼を神と語るのにふさわしい者としたあの恩寵のためだけでも、称賛されなければならない。だが、王国を獲得したり創建したりしたキュロスその他の者たちを考察するならば、彼らすべてが称賛に値するということを諸君は見出すであろう。そして、彼らそれぞれの行動や心構えを考察するならば、あれほど偉大な命令者［神］を得たモーゼと違いはないようにみえるであろう。さらに、彼らの行動と生涯を念入りに検討してみるならば、彼らが運から手に入れたのは機会以外の何ものでもないことがわかるのである。機会は最も適当と思われる形に造形できるような素材を彼らに与えたのであった。そして、そのような機会がなければ彼らの心に具わる力量は消え失せたことであろうし、またそのような力量がなければ機会は無駄になったことであろう。

したがって、イスラエルの民が隷属状態を脱してすすんでモーゼに従うようになるためには、エジプト人によって隷属させられ抑圧されたイスラエルの民をモーゼがエジプトのなかに見出すことが必要であった。ロムルスがローマの王となり祖国ローマの創建者となるためには、アルバには居場所がなく、生まれ落ちた時に捨てられねばならなかった。キュロスにとってはメディアの支配のもとで不満を抱いているペルシア人を見出し、メディアが長く続いた平和のためにひ弱で柔弱になっていることが必要であった。散り散りになったアテナイ人なくしては、テーセウスは自らの力量を発揮できなかったであろう。それゆえ、これらの機会がこうした人びとに幸運をもたらしたのであり、彼らは秀でた力量によってそうした機会を認めたのである。こうして彼らの祖国は高貴なものとなり、この上ない幸福に恵まれたのであった。

これらの人びとと同じように力量によって君主になった者は、君主政体を獲得するのは困難だが維持するのは容易である。そして、君主政体獲得にあたっての困難は、その一部は、彼らの統治権力を確立し彼らの安全を確固たるものとするために導入せざるをえない、新しい諸制度や統治方法から生まれる。したがって、新しい諸制度を導入する頭目となる以上に扱うのが難しく、また成功が疑わしく、実行するのが危険なことはないということをよく考えなければならない。というのは、新しい諸制度を導入する者は旧制度から利益を得ていた者すべてを敵にするからであり、新しい諸制度から利益を得る者は熱意のない味方にすぎないからである。こうした熱意のなさは、一部は法律を手にしている敵対者への恐怖から、また一部は人間の懐疑主義から生まれる。人間というものは、確かな経験が生まれるのを目にしないかぎり、新奇な事柄を真実とは信じないものだからである。ここから、敵対する者たちが攻撃する機会をつかんだ時にはいつでも、彼らは党派的激情をもって攻撃してくるのに、味方となる者は熱意をもって守らないということが起こるのである。こうして、熱意のない味方とともに窮地に追い込まれてしまうのだ。

それゆえ、この問題を詳しく論じようとするなら、これら改革者が自分の力に依拠しているのか、それとも他人の力に頼っているのか、すなわち、自分たちの事業を推し進めるのに誰かに懇願する必要があるのか、それとも実力を行使することができるのかを検討することが必要である。第一の場合にはつねに凶事が起き、何事も成し遂げられない。だが、自分の力に依拠し、実力を行使することができるならば、その時は危機に陥ることはめったにない。ここから、武装せる預言者は勝利をおさめ、武力なき預言者は滅びるということが生じたのである。なぜなら、いま述べたことに加えて、人民の本性は変わりやすく、人民に一つのことを説得するのは容易なことだが、彼らを説得した状態にとどめておくのは困難だからである。それゆえ、人民がもはや信じなくなった時には、実力を行使して彼らを信じさせることができるように手段が整えられなければならない。モーゼ、キュロス、テーセウス、そしてロムルスが武装していなかったとしたら、人民に彼らの基本法を長期にわたって守らせることはできなかったであろう。それは、現代にあってはイェローニモ・サヴォナローラ(2)に生じたとおりである。サヴォナローラは群衆が自分の言葉を信じなくなり始めるや否や、自ら作り上げた新しい諸制度のなかで破滅したのであった。そして、彼には自分の言葉を信じていた者たちをしっかりつなぎとめる方法もなければ、信じていない者たちを信じさせる方法もなかったのである。それゆえ、これらの人びとは行動するにあたり巨大な困難に直面するのであり、権力への途上にはあらゆる危険が立ちふさがるので、力量によってそれらを乗り越えなければならない。だがひとたびそれを乗り越え、尊敬されるようになり、彼の資質に妬みを抱く者たちを消滅させてしまうと、強力かつ

(2) イェローニモ（一般にはジローラモと表記）・サヴォナローラ（一四五二〜一四九八）。ドメニコ会の修道士で、熱烈な預言者的説教で教会と人心の腐敗を攻撃して人気を得る。一四九四年、ピエーロ・デ・メディチ追放のあと、フィレンツェ共和国の新体制に大きな影響力を持ったが、教皇アレクサンデル六世との衝突、厳格主義への民心の反発から次第に支持勢力を失い、一四九八年に失脚、焚刑に処された。

安全であり続け、栄光を授けられ、幸福に恵まれることになる。

かくも偉大な例に、私はもう少し小さな例をつけ加えたい。とはいえ、偉大な例としてあげた人びとと何らかの類似性を持っているであろうから、同じような他のすべての例の代わりにこの一つの例だけで十分だろうと思う。その例とはシラクサのヒエローン(3)である。この人物は私人の身分からシラクサの君主になり、彼もまた運から機会以外のものを手に入れなかった。なぜなら、シラクサの人びとは抑圧されていたので、ヒエローンを自分たちの指揮官に選んだのだが、それによって彼は君主となるに値したのである。ヒエローンはただの私人であった時にも大いなる力量の持ち主であったので、彼について次のように書いている者(4)がいるほどである。「この人物が君主であるために欠けていたのは君主の称号だけであった」と。この人物は古い軍隊を消滅させ新しい軍隊を整備した。古い友好関係を捨て去り新しい友好関係を築いた。そして、自分のものとなる味方と兵士を手に入れると直ちに、そうした土台の上にどんな建造物も建てることができた。したがって、彼は獲得するにあたっては大変な苦労を味わったが、保持するにあたってはほとんど苦労せずにすんだのである。

（3）ヒエローン二世。シラクサの僭主。第一次ポエニ戦争では当初カルタゴと同盟を結んだが、前二六三年にローマ側に寝返った。前二一五年没。

（4）ローマの歴史家ユスティヌスからの引用とされるが正確なものではない。

第七章　他者の武力と運によって獲得された新しい君主政体について

運がよいだけで私人から君主になる者たちはほとんど苦労せずに君主の地位を手に入れるが、これを維持するには大変苦労することになる。そして権力への途上では何の困難にも出会わない。というのは、君主の地位に飛んできたからである。だが、すべての困難は君主の地位にとまった時に生まれてくるのである。金銭もしくは他人の好意によって国を譲られた場合がこうした君主たちである。イオニアやヘレスポントスの諸都市で多くの者たちに生じたことがそれであった。彼らはダレイオス(1)によって君主にされたのだが、それは、ダレイオス自身の安全と栄光のために彼らに諸都市を維持させるためであった。また、兵士たちが腐敗していたために、私人から帝位につけられることになった皇帝たち(2)にも同様のことが生じた。

これらの者は、彼らに国を譲ってくれた者の意志と運に依存しているだけであり、この二つのものはきわめて移り気で不安定なので、彼らは手に入れた地位を維持するすべを知らず、維持することもできない。というのは、彼らはそのすべを知らない。というのは、偉大な天分と力量の持ち主でもないかぎり、つねに私人の身分の暮らしをしていたため、命令を下すことなどできないからである。彼らは地位を維持することができない。というのは、自分の味方であり忠実であるような武力を持っていないからである。その上、促成栽培の国家は、芽生えて急激に成長するその他すべての植物と同じように、しっかりと根を張ることができないので最初の悪天がそれを枯らしてしまう——先にも述べたように、そのようにいきなり君主となった者たちは、運がふところにもたらしてくれたものを直ちに保持する用意ができ、他の人びとなら君主の地位につく前に築き上げる土台を、君主になった後で築くことができるような力量をそなえていないかぎり破滅することになる。

これまでに述べた、力量によって君主になるかそれとも運によって君主になるかと

(1) ダレイオス一世（在位前五二二～前四八六）。アケメネス朝の第三代王。ペルシア帝国の基礎を築いた。領土を約二十の管区に分割し、それぞれに地方総督を置いた。

(2) マルクス・アウレリウスからマクシミヌスにいたるローマ皇帝をさす。第一九章参照。

いう二つの方法について、私は現代における二つの例をあげておきたい。それはフランチェスコ・スフォルツァとチェーザレ・ボルジャ(3)である。フランチェスコは、適切な手段と偉大な力量とによって、私人の身分からミラノ公になった。そして、大変な骨を折って獲得したものをほとんど苦労せずに保持したのであった。他方、庶民からヴァレンティーノ公と呼ばれたチェーザレ・ボルジャは、父親の運のおかげで国家を獲得したのであるが、父親の運がなくなると国家を失ってしまった。それにもかかわらず、他者の武力や運によって譲り受けた国に自分の根を張るために、賢明で有能な人物がなさねばならぬどんな手段も用い、あらゆることを行なった。なぜなら、先にも述べたように、あらかじめ土台を築いていない者でも、偉大な力量によって後になって土台を築くことは可能だろうからである。たとえ建築家にとってそうするのが厄介なことであり、建物の倒壊の危険があるにしても、である。したがって、ヴァレンティーノ公の歩みのすべてを考察するならば、彼が将来の権勢にそなえて巨大な土台を築いたことがわかるであろう。こうしたことを論ずることが余計なことだとは私は判断しない。というのは、彼の行動の例以上に、すぐれた規範を新しい君主に与えてくれるものを私は知らないからである。そして、彼の行動のあり方が彼に利益をもたらさなかったとしても、それは彼の罪ではなかった。なぜなら、それは尋常ならざる極端な運の悪意から生じたことだったからである。

アレクサンデル六世は、自分の息子のヴァレンティーノ公を偉大にしようと欲した時、その時点においても将来においても、大変な困難を抱え込んでいた。第一に、彼は息子を教会領の国以外のどこの国の支配者にもできるような道を見つけられなかった。教会領の国を取り上げようとすれば、ミラノ公やヴェネツィア人がそれを認めないだろうということがわかっていた。なぜなら、ファエンツァとリミニはすでにヴェネツィアの庇護下にあったからである。これに加えて、イタリアの武力、とくに、教皇が利用できそうな武力は、教皇が強大になることを恐れるに違いない者たちの手に握られていること――それゆえ信用できないこと――がわかっていた。武力はすべてオルシーニ家、コロンナ家(4)、そして彼らの追随者たちの手に握られていたからである。

(3) チェーザレ・ボルジャ（一四七五～一五〇七）。教皇アレクサンデル六世の庶子。父の手によりバレンシアの大司教、次いで枢機卿となる。その後フランス王ルイ一二世からヴァレンティーノ公の地位を得た。中部イタリアに国家建設をめざしたが父の死（一五〇三）により彼の事業は挫折した。

したがって、それらの国の一部を確実に領有できるようになるためには、そうした政治情勢をかく乱し、イタリアの諸国を混乱させることが必要であった。アレクサンデルにとってそれは容易なことであった。なぜなら、ヴェネツィア人が別の理由に動かされて、フランス軍を再びイタリアに引き入れようとしているのがわかったからである。彼はそれに反対しなかっただけでなく、ルイ王の古い婚姻関係を解消することによって、むしろそれをより容易にしたのである。⑤

したがって、フランス王は、ヴェネツィア人の支援とアレクサンデルの同意によって、イタリアに侵入したのである。フランス王がミラノに入るや否や、教皇はロマーニャ攻略のために王から兵を手に入れた。この攻略はフランス王の威信のおかげで認められたのである。そこでヴァレンティーノ公はロマーニャを獲得し⑥、コロンナ家を打ち負かして、ロマーニャを保持し、さらに先へと進もうとしたのだが、二つの事柄が公をはばんだ。一つは彼の兵力が忠実でないように思われたことであり、もう一つはフランスの意志であった。つまり、公が利用していたオルシーニ家の兵力が命令に従わなくなり、さらなる攻略を妨げるばかりか、獲得したものを取り上げるのではないかと思われ、フランス王も同じことをするのではないかと思われたのである。オルシーニ家については、ファエンツァを征服した後、ボローニャを攻撃した時に証拠をつかんだ。彼らがこの攻撃に冷ややかになっていくのがわかったからである。フランス王については、ウルビーノ公国を手中におさめ、トスカーナを攻撃した時にその本心を知った。王がこの企てを思いとどまらせたからである。

そこで、ヴァレンティーノ公は、もう他者の武力や運には頼るまいと決断したのである。そこで、まず、ローマのオルシーニ派とコロンナ派を弱体化させた。彼らの同調者の貴族たちを味方に引き込み、自派の貴族として莫大な報酬を与えたうえ、彼らの資質に応じて、軍事上の職務と行政上の職務を授けたのである。こうして、ほんの数か月で、彼らの心のなかにあった両派への愛着は消えうせ、彼らの愛着はすべて公へと向けられることになった。この後、コロンナ家の頭目たちを四散させてしまうと、公はオルシーニ家の頭目たちを抹殺する機会をうかがった。その機会はうまい具合に

(4) 両家とも教皇に敵対する封建貴族で、多くの傭兵隊長と友好的な関係を結んでいた。
(5) 第三章注15参照。
(6) 一四九九年一〇月六日、ルイ一二世がミラノに侵攻し、一一月フランスの援軍を得てチェーザレはロマーニャ攻略にとりかかった。ロマーニャを征服するのは一五〇一年四月のことである。

訪れ、公はこの上なく巧みにその機会を利用した。なぜなら、オルシーニ家の人びとは、ヴァレンティーノ公と教会が強大になることは自分たちの破滅であることに遅まきながら気づき、ペルージャ領内のマジョーネで会合を持ったからである。この会合の結果、ウルビーノの反乱、ロマーニャの騒乱など、無数の危険が公を襲ったが、公はフランス軍の助けを借りてそれらすべてを乗りきった。そして、威信を回復すると、フランスもその他の外国の兵力も信用せずに、そうした兵力が自分を危険にさらすことがないようにするための策略に没頭した。そして、きわめて巧みに自分の心を隠すことができたので、ほかならぬオルシーニ家の人びとも領主パオロの仲介で公と和解した——この和解によってパオロを安心させるために、公は、金銭、衣服、馬などを贈り、どんな配慮も怠らなかった。そういうわけで、オルシーニ家の人びとは自分たちの愚かさゆえに、シニガリアで公の手に落ちたのである(7)。

こうして、これらの頭目たちを抹殺し、その一派の者たちを味方に変えると、公はウルビーノ公国とともにロマーニャ全体を手に入れて、自らの支配力の土台を十分に固めたのである。とりわけ、ロマーニャの友好を獲得し、その住民たちが自分たちの幸福を味わい始めたので、彼らを味方にしたと思われた。この部分は説明に値するし、他の人びとによって模範とされるに値するから、抜かしたくない。ロマーニャを手に入れてみると、そこは無能な領主たち――彼らは臣民を治めるどころか、むしろ臣民から略奪し、彼らに団結ではなく分裂の材料を与えていたのである――によって支配されていたために、窃盗、紛争その他のあらゆる無法行為の原因に満ちていることがわかったので、ロマーニャに平穏をもたらし権力に従わせようとするなら、良い政府を与えることが必要であると判断した。そこで、リミッロ・デ・オルコ殿(8)を首班にすえて全権をゆだねた。オルコ殿は非情でためらいを見せぬ人物であった。この人物は短期間でロマーニャに平穏と統一をもたらし、極めて大きな名声を得たのであった。そうなると公は、これほどまでに過大な権威は必要ないと判断した。というのは、自

(7)　チェーザレは一五〇二年の大晦日にシニガリアでヴィテッロッツォ・ヴィテッリとオリヴェロット・ダ・フェルモを絞殺させ、オルシーニ家のパオロとフランチェスコも翌年一月一八日に殺害された。

(8)　リミッロ・デ・オルコもしくはラミーロ・デ・ロルクァ。もともとはチェーザレの執事であったが一五〇一年にロマーニャ総督となった。翌年捕らえられ、一二月二六日に彼の死骸がチェゼーナの広場にさらされた。

分が憎まれることになるのではないかと怪しんだからである。そこで、この地域の中央にきわめて優れた長官をいただく文民の裁判所を設置し、どの都市もそこにそれぞれの弁護人を持つことになった。そして、これまでの厳しい統治が自分に対して何らかの憎しみを生み出したことがわかったので、人民の心から憎しみを洗い流し、人民全体を味方に取り込むために、これまでに過酷な統治が行なわれたとしても、それは自分のせいではなく統治官の荒々しい性格のせいであったということを示そうとした。そこで、この「人民に憎まれているという」機会をとらえると、ある朝、チェゼーナでオルコ殿を二つに切断して広場にさらし、かたわらに一枚の板切れと血まみれの刃物を置かせた。この光景の残忍さは、そこの人びとを満足させると同時に呆然とさせたのであった。

だが、我々は出発点に戻ることにしよう。公はきわめて強力となり思いのままに自らの兵力を整え、自分に敵対する可能性がある近隣の軍隊の大部分を消滅させたことによって、当面の危険から一部は身を守ったので、領土獲得を推し進めようとすれば、公にはフランス王に対する懸念だけが残されたと私は言いたい。なぜなら、フランス王は後になってから自分の過ちに気づいたので、これ以上の領土獲得はみとめないだろうということがわかっていたからである。このために公はフランスとの新たな友好関係を模索しはじめ、ガエータを包囲したスペイン軍に対抗してフランス軍がナポリ王国にむかって進軍した時に、フランスに対して曖昧な態度をとりはじめたのであった。だが彼の心はフランス軍から自分を守ることにあった。もしアレクサンデルが生きていたら、それは速やかに成し遂げられたことであろう。そして、これらの事柄が、当面する事態に関しての公の対処の仕方であった。

だが、将来に関して彼が何よりもまず不安に感じたのは、新たな教会の後継者が彼に対して友好的でなく、アレクサンデルが彼に与えたものを取り上げるのではないかということであった。これについて彼は四つの方法で身を守ることを考えた。第一は、新たな教皇にきっかけを与えないように自分が奪い取った領土の支配者たちの血筋をすべて絶やすこと、第二は、先に述べたように、ローマの貴族たちをすべて味方にして彼らとともに教皇を抑え込むこと、第三は、できるだけ多くの枢機卿会の会員が自分に好意的になるようにすること、第四は、現在の教皇が亡くなる前に、自分ひとりで最初の一撃に抵抗できるほど十分な支配力を獲得することである。これら四つの方法のうち、アレクサンデルが死去した時、三つまでは首尾よくいっており、四つ目もあと一息というところまでいっていた。というのは、彼が奪った領土の領主たちは、追手が追いつくことができた者は殺してしまい、生き延びた者はごくわずかであり、ローマの貴族たちは味方につけ、枢機卿会では圧倒的多数を獲得し、新たな領土の獲得については、トスカーナの支配者になることをもくろみ、すでにペルージャとピオンビーノを確保し、ピサは保護下に置いたからである。フランスに対する懸念がなくなるや否や――フランス軍はスペイン軍によってナポリ王国を奪われたので、もはや懸念することもなくなり、そのために、フランス、スペインそれぞれが公との友好関係を求める必要に迫られていたのである――公はピサに突入するはずであった。そうなれば、その後ルッカとシエーナも、フィレンツェ人への妬みから、そして一部は恐れから、直ちに屈服したであろうし、そうなるとフィレンツェ人には対処のしようがなかったであろう。公が首尾よくトスカーナの支配者になっていたならば――アレクサンデルが死去したのと同じ年にそれに成功していたことであろう――、きわめて強力な兵力と名声を獲得し、そのために、自らの力で立ち、もはや運や他者の兵力に頼らずに、自らの支配力と力量に頼ったことであろう。

だが、アレクサンデルは公が剣を抜いてから五年後に死去した。確固たるものとして公に残されたものはロマーニャの領土だけであり、それ以外は強力きわまりない二つの敵の軍隊に挟まれて宙に浮き、彼は病で死にかけていた。とはいえ、公には大いなる精神力と力量があり、どうすれば人びとの支持を得られるか、あるいは失うことになるかがわかっており、あれほど短期間で作り上げた土台は強固なものであったから、あの二つの軍隊が間近に迫っていなかったなら、あるいは彼が健康であったなら、どんな困難に対しても踏みとどまったことであろう。

彼が作り上げた土台が優れたものであったことは次のことからも見て取れる。ロマーニャは一か月以上も彼を待っていた。ローマでは、彼は半分死にかけていたのに安全であり、バリオーニ家、ヴィテッリ家、オルシーニ家の面々がローマにやってきたとしても、公に逆らって彼らに追随する者はいなかった。自分が望む者を教皇にすることはできないにしても、少なくとも自分が望まない者が教皇になることを阻むことはできた。だが、アレクサンデルが死去した時、公が健康であったなら、どんなこともたやすいことであったろう。そして、ユリウス二世が新しい教皇に選ばれた日に彼は次のように言ったのであった。父が死去した時に起こりうる事態を考え、あらゆることに対処しておいた、父が死去した時に自分まで死にかけているだろうとは思いも及ばなかったことを除いては、と。

したがって、公のすべての行動をまとめてみると、私としては公の過ちをとがめることはできないと思う。それどころか、すでに述べたように、私には、運と他者の兵力によって権力にのぼりつめたすべての者にとって、模範とすべき実例としてあげることが適切だと思われる。なぜなら、彼は偉大な精神を持ち、高い目標に向けたこころざしを持っていたから、これとは異なる行動は不可能だったからである。アレクサンデルの生命が短かったことと彼自身が病に冒されていたことだけが彼の企てに敵対したのである。したがって、自らの君主政体において、敵から身を守り味方を獲得し、力や欺瞞によって敵に勝利し、人民から愛されかつ恐れられ、兵士たちに慕われかつ畏怖の念をもって敬われ、君に危害を加える可能性があるか、もしくは加えるにちがいない者を抹殺し、新しいやり方で旧制度を改革し、厳しくかつ包容力があり、度量が大きくて気前がよく、忠実でない軍隊は解体して新たな軍隊を作り上げ、王や君主たちとは、彼らが君にこころよく援助を与えるように友好関係を維持し、彼らを攻撃するのには慎重であること、こうしたことが必要であると判断する者は、この人物の行動以上に新鮮な実例を見出しえない。

彼を非難することができるのはユリウス(9)を教皇にしてしまったという点だけである。ここでは公は間違った選択をしたのである。というのは、すでに述べたように、自分の思い通りに教皇を選出させられなかったとしても、意に沿わない人物が教皇になるのを阻止することはできただろうからである。したがって、彼がかつて危害を加えたことがある枢機卿だとか、教皇になったら彼に恐れを抱くことになりそうな者を教皇にしてはならなかったのである。というのも、人間は恐怖のために、あるいは憎悪のために危害を加えるものだからである。彼がかつて危害を加えたことがある枢機卿は、とりわけ、サン・ピエーロ・アド・ヴィンクラ(10)、コロンナ、サン・ジョルジョ(11)、アスカーニオであった。他の枢機卿はすべて、教皇になったら、ルーアンとスペイン人を

(9) ジュリアーノ・デッラ・ローヴェレ。一五〇三年一〇月二八日、教皇に選ばれユリウス二世となる。当初ボルジャ一族に対してきわめて敵対的な姿勢を示していたが、コンクラーヴェ直前になって、ボルジャ派の票を得るためにチェーザレとの協調に転じ、チェーザレに地位と領土を保証すると約束したが、この約束が守られることはなかった。
(10) ジュリアーノ・デッラ・ローヴェレのこと。
(11) ジョルジュ・ダンボワーズのこと。

除いて、彼を恐れるようになったであろう。スペイン人は同国人というつながりがあり恩義を受けていたからであり、ルーアンは力を持っており、フランス王国が後ろ盾となっていたからである。それゆえ、公は何よりもまずスペイン人を教皇にすべきであった。それができないなら、サン・ピエーロ・アド・ヴィンクラではなく、ルーアンの選出に同意すべきであった。高い地位にある人物にあっては新たな恩恵はかつて加えられた侮辱を忘れさせる、と信じる者は誤りを犯す。したがって、公はこの選択において過ちを犯したのであり、それは彼の破滅の最終的な原因となったのである。

第八章　極悪非道によって君主の地位を獲得した者たちについて

だが、私人の身分から君主になるためには、さらに二つの方法がある。そのうちの一つは共和政体をとりあげるところで詳しく論じることができるにしても、この二つの方法は運にも力量にも全面的に帰することはできないので、ここで触れずにすますべきではないように思われる。これらの方法というのは、邪悪で極悪な何らかの手段によって君主の地位にのぼった場合と、普通の市民が他の市民たちの支持を得て祖国の君主になった場合とである。第一の方法を語るにあたっては、二つの例、一つは古いもの、もう一つは新しいものを示すことにして、この部分に関しては核心に触れないでおく。というのは、私としては、真似ざるをえない者にとってはこれだけで十分だろうと判断しているからである。

シチリアのアガトクレス(1)は、単に私人というだけでなく、最底辺の卑しい身分からシラクサの王になった。この人物は壺作りの子に生まれ、一生を通じて変わることなく極悪非道な生活を送った。それにもかかわらず、彼の極悪非道ぶりにはたいへんな心身の能力が伴っていたので、軍隊に入ると次々に昇級してシラクサの司令官となった。この地位につくと、今度は君主になることを決意して、これまで合意によって与えられてきたものを、他人の恩義に頼らずに暴力によって保持しようと決意した。そして、自分の目論見をカルタゴのハミルカル――ハミルカルは軍を率いてシチリアで戦っていたのである――と合意のうえで、ある朝、あたかも国家の利害にかかわる事柄を討議するかのように、シラクサの人民と元老院を招集したのである。そしてあらかじめ決めておいた合図によって、部下の兵士たちに全元老院議員と人民のなかの最も裕福な者たちを殺害させた。これらの人びとが殺されてしまうと、彼は市民からの何の抵抗もなしに、都市の君主権を奪いこれを確保した。そして、カルタゴ軍によって二度敗北を喫しついには包囲されたものの、自分の都市を防衛することができただ

(1) アガトクレス（前三六一〜前二八九）。シラクサの僭主。前三一九年から前三一六年にシラクサの権力を握り、ギリシア圏シチリア全域にシラクサの影響力を拡大した。カルタゴと戦いカルタゴを劣勢に追い込んだ。

けでなく、兵士たちの一部を敵の包囲の防衛に残し、残りの兵士たちを率いてアフリカを攻撃し、短期間でシラクサを包囲から解放し、カルタゴ軍を窮地に陥れた。そこでカルタゴ軍はアガトクレスと協定を結ばざるをえなくなって、アフリカの領有だけで満足しなければならず、シチリアはアガトクレスにゆだねるしかなくなったのである。

そういうわけで、この人物の行動と生涯を考察する者は、運に帰するような事柄を見出さないか、見出したとしてもごくわずかであろう。先に述べたように、誰かの支持を得たことによるのではなく、軍隊の階級を昇っていくことによって、しかも、その昇進を数え切れないほどの難儀と危険に遭遇しながら勝ち取りつつ、君主の地位に到達し、その後、それを勇敢できわめて危険な多くの決断によって保持したからである。さらに、同胞たる市民を殺害すること、友を裏切ること、信義も慈悲も宗教心も欠いていることを力量(2)と呼ぶことはできない。そうしたやり方で支配権を獲得することはできるが、栄光は獲得できない。なぜなら、危険のなかに入り込み、そこから抜け出す時のアガトクレスの力量と、敵対する諸事態に耐え、それを克服する時の彼の精神の偉大さを考察するならば、彼がこの上なく傑出したどんな指揮官にも劣っている、と判断する理由は見出されないとしても、それにもかかわらず、数限りない極悪非道による凶暴な残忍さと非人間性は、彼を傑出した人びとのなかに加えて称えることを許さないからである。したがって、運も力量もなしに彼によって成し遂げられたことを、そのどちらにも帰することはできないのである。

我々の時代、アレクサンデル六世の在位のもとでは、フェルモのリヴェロット(3)がいる。彼はずっと以前に幼くして父に死に別れたので、ジョヴァンニ・フォリアーニという母方の伯父に養育され、ごく若い時に、軍事教練をつんで何らかの軍隊の高官位につくために、パウロ・ヴィテッリ(4)のもとに送られた。その後、パウロが死ぬと、パウロの兄ヴィテッロッツォのもとで戦い、才覚があり心身ともに頑強だったために、

（2）この *virtù* には古来の倫理的な「美徳」の意味も含まれているように思われる。

（3）オリヴェロット・ダ・フェルモ（オリヴェロット・エウッフレドゥッチ）のこと。チェーザレによってシニガリアで殺害されたあの人物である。ここで述べられている殺戮行為がなされたのは一五〇一年一二月二六日のことである。

（4）最も名を知られた傭兵隊長の一人で、ピサ再征服戦争時のフィレンツェ軍総指揮官をつとめたが、裏切り行為を疑われ、一四九九年一〇月一日、処刑された。シニガリアでチェーザレに殺害されたヴィテッロッツォはパウロの兄にあたる。

ごく短期間でその戦隊の第一人者になった。だが、彼には他人に従っているのは屈辱的なことだと思われたので、自分たちの祖国の自由よりも屈従のほうが大切だと考えるような一部のフェルモ市民の助けとヴィテッロッツォの支援によって、フェルモを占領しようと考えたのである。そこでジョヴァンニ・フォリアーニに次のような手紙を書いた。家を出てから長いことになるので彼に会いに行きたいし、自分が暮らしていた町も見たい、また自分が相続することになる財産がおおよそどのくらいかも調べたい、というのである。そして、自分がこれまで努力してきたのは名誉を得るため以外の何ものでもないのだから、市民たちに無駄に時を過ごしたのではないことを見てもらうために、名誉にふさわしく、友人と従者からなる百騎の騎兵隊を率いてフェルモに戻りたいと記し、フェルモの人びとに礼をつくして迎え入れられるように取り計らっていただければありがたい、それは自分に名誉をもたらすだけでなく、ジョヴァンニの名誉にもなる、なにしろ自分はジョヴァンニに養育されたのだから、と頼みこんだ。

そこで、ジョヴァンニは甥のたのみをぬかりなくかなえてやり、フェルモの人びとに礼をつくしてリヴェロットを迎えさせ、リヴェロットはジョヴァンニの家に宿泊した。ジョヴァンニの家に何日か逗留し、来るべき極悪非道の行ないに必要な準備万端をひそかに整えてしまうと、盛大きわまりない宴会を開き、その場にジョヴァンニ・フォリアーニを始めとするフェルモの主だった人びとすべてを招いた。そして、料理も、そのような饗宴にお馴染みの余興も、すべておしまいになると、リヴェロットは巧妙に話題を微妙な事柄へと持っていき、教皇アレクサンデルとその息子チェーザレの強大さと彼らの企てについて語り始めた。この議論に応じてジョヴァンニその他の面々が話し始めると、彼は突然立ち上がり、こういう事柄はもっと秘密の場所で論じるべきだと言いながら一室へとひきさがったので、ジョヴァンニとその他の市民たち全員が彼の後に続いた。彼らが席に着くや否や、その部屋の物陰から兵士たちが躍り出て、ジョヴァンニ始め全員を殺害してしまった。人殺しが終わるとリヴェロットは馬にまたがり町中を走り回って、最高行政府の要人たちを建物に閉じ込めてしまった。そのために、彼らは恐怖から彼に従わざるをえなくなり、彼を君主とする政府を創設するしかなくなった。そして不満から自分に危害を加える可能性がある者をすべて殺してしまうと、新たな民事および軍事の諸制度で自らの地位を強固にした。こうして、君主の地位を手にしてからわずか一年で、彼はフェルモの都市のなかで身の安全を確保したたけでなく、すべての近隣諸国に恐れられるようになったのである。先に述べたように、シニガリアでチェーザレ・ボルジャがオルシーニ家とヴィテッリ家の者たちを捕らえた時にまんまとチェーザレに騙《だま》されなかったなら、アガトクレスと同じように彼を攻略することは困難であったであろう。親族殺しを犯してからたった一年後に、彼はシニガリアで力量と極悪非道の師であったヴィテッロッツォとともに捕らえられ、縛り首になったのである。

アガトクレスやその同類たちが、裏切りと残虐の限りを尽くした後で、自分の祖国のなかで長期にわたって安全に生き、外敵から身を守り、同胞の市民たちが彼らに対して陰謀をたくらまなかったというのは、いったいどこから生じたのだろうか、と疑う者もあるかもしれない。他の多数の者たちが、不安定な戦時だけでなく平時においてさえ、残虐をもってしては国家を保持することができなかったからである。私は、これは残虐な行為が悪く用いられたか、それともよく用いられたかによるものだと確信している。よいと呼ぶことができるのは——悪事についてよいというのが妥当であるとすればだが——自らの安全を確保する必要から一気になされる行為である。つまり、そのあとはこだわり続けずに、できるだけ臣民の役に立つように転換された場合である。悪く用いられた行為というのは、はじめのうちはわずかな残虐行為であったものが、時とともに消滅するどころかむしろはなはだしくなるという場合である。第一のやり方をまもった者は、アガトクレスがそうであったように、自分たちの置かれた状況に潜む危険に対して、神によっても人間によっても何らかの対処法を手にすることができるが、第二のやり方をとった者は持ちこたえることができない。

そこで、次の点に注意すべきである。すなわち、国家を奪い取るにあたっては、国家を占拠する者は、なす必要があるすべての危害を十分に検討し、毎日危害を繰り返さないようにすべてを一気に行ない、また、危害を繰り返さないことによって人びとを安心させ、恩恵を施して彼らを味方につけなければならない、ということである。臆病ゆえに、あるいは必要な残虐行為を十分検討しなかったことによる誤りゆえに、これとは異なるやり方をする者は、つねにナイフを手に握っている必要がある。また、彼は、日々新たな絶え間ない迫害のために、臣民たちが彼に決して気を許さないので、臣民たちをよりどころにすることが決してできない。こういうわけで、迫害行為は、より少なく味わうことによってよりわずかの危害で済むように、一気になされなければならない。恩恵はといえば、よりよく味わうように、少しずつなされなければならない。そして、とりわけ君主は、臣民たちとともに、よくも悪くも、どんな偶発事態にも取り乱すことのないように生活しなければならない。なぜなら、逆風のなかで行動しなければならなくなった時に、君は悪事にうったえようにも間に合わず、君が行なう善事はやむをえずやっているのだと思われて役に立たず、君に感謝の念を抱く者などいなくなってしまうからである。

第九章　市民によって作られた君主政体について

さて、私人の身分から君主になるためのもう一つの方法、すなわち、普通の市民が極悪非道のやり方やその他の許しがたい暴力によってではなしに、自分の同胞の市民たちの支持によって祖国の君主になる場合について話を移せば——これは市民によって作られた君主政体と呼ぶことができるものであり、君主の地位につくためには全面的に力量に頼ることも全面的に運に頼ることも必要ではなく、どちらかといえば運に恵まれた狡猾さが必要である——、私としては、人民の支持によって、あるいは貴族によって、この君主の地位に到達するのだと言いたい。なぜなら、どんな都市にも二つの異なった勢力があるからであり、このことから、人民は貴族に命令されたり抑圧されたりすることを望まず、貴族のほうでは人民に命令し抑圧しようと欲するからである。この二つの異なる欲望から都市のなかには次の三つの結果のうち、どれか一つが生まれる。すなわち、君主政体か、自由か、放縦かである。君主政体は人民によってもたらされるか貴族によってもたらされるかであるが、この両派のうちどちらが好機をとらえたかによっている。なぜなら、貴族は人民に抵抗できないことがわかると、自分たちの一人に名声を集めるようにして、彼の庇護の下で自分たちの欲求を満たすために彼を君主にするからであり、人民のほうでも、貴族に抵抗できないことがわかると、一人に名声を集め彼を君主にして、その権威によって守ってもらおうとするからである。

貴族に支援されて君主の地位についた者は、人民に支援されて君主の地位についた者よりも、その地位を保持するのは困難である。というのは、君主の周りには君主と同等と思われる者が大勢いて、このために、自分のやりたいように命令したり支配したりすることができないからである。だが、人民の支持によって君主の地位についた者は、一人だけでその地位にいるのであり、周りには直ちに服従しない者は誰もいないか、ほとんどいないかである。これに加えて、正義によって貴族を満足させることはできず、また、もう一方の側［人民］に危害を加えることなしに満足させることはできないが、人民のほうは正義によって満足させることができる。なぜなら、貴族は抑圧することを望み人民は抑圧されないことを望むので、人民の目的は貴族の目的よりも正義にかなっているからである。さらに、人民を敵にまわすと、その数があまりにも多いので君主は身の安全を確保することができない。貴族は数が少ないので安全を確保することができる。人民を敵にまわしたことによって君主を待ち受ける可能性がある最悪の事態は、人民から見捨てられることである。だが、貴族を敵にまわすと、見捨てられることを恐れなければならないだけでなく、彼らが君主に刃向ってくることも恐れなければならない。なぜなら、貴族はよりよく物事を見通し、より狡猾であり、身を守るためにつねに先手をうち、勝利が期待できそうな者にとりいろうとするからである。さらにまた、君主はつねに同じ人民とともに生活する必要があるが、同じ貴族なしでもうまくやっていくことができる。日ごとに彼らを作り出したりなくしたりできるし、思いのままに彼らの名声をとりあげたり与えたりできるからである。

この点をよりはっきりさせるために、私としては、主として二つの方法で貴族のことを考察しなければならない、と言いたい。それは、彼らのふるまい方が何から何まで君の運に結びつけられているようなものか、それともそうでないかということである。自らを君主の運に結びつけていて、しかも強欲でない者たちには名誉を与え目をかけてやらねばならない。君主の運に自らを結びつけていない者については、二つの方法で検討しなければならない。一つは臆病で勇気を欠いているためにそうしている場合である――そうであれば、彼らを、とりわけ思慮ある見識の持ち主であればなおさら、利用しなければならない、というのは、平時においては、君は彼らを誇りに思うだろうし、君が逆境にある時も彼らを恐れなくてよいからである。だが悪意や野心からそうしている場合には、それは彼らが君のことよりも自分のことのほうを考えているしるしである。君主はそういう者たちを警戒しなければならないし、あたかも公然たる敵のごとくに恐れなければならない。なぜなら、そのような者たちは、君主が逆境にある時に、つねに君主を破滅させることに手を貸すからである。

それゆえ、人民の支持で君主になった者は、人民を味方につけておかなければならない。人民は抑圧されないこと以外求めていないのだから、これはたやすいことであろう。だが、人民に逆らって貴族の支持で君主になった者は、何よりもまず人民の支持を獲得するように努めなければならない。人民の保護を引き受けるならばこれはたやすいことであろう。そして、人間というものは、危害を加えるだろうと信じ込んでいた者から恩恵を受けると、自分に恩恵を与えてくれた者に対してより一層恩義を感じるものであるから、人民は自分たちの支持で君主の地位に導いた者よりも、むしろ、こうした君主のほうにより好意的になるのである。君主は人民を多くの方法で味方にすることができるが、それらは状況によってさまざまであるがゆえに、ここでは触れないことにする。一言次のように結論づけることにしよう。それは、君主は人民を味方にする必要がある、ということである。さもないと逆境に置かれた時に対処のしようがない。スパルタ人の君主ナービス(1)は、全ギリシア軍と勝利に次ぐ勝利で勝ち誇るローマ軍の包囲に持ちこたえ、これに対して自分の祖国と地位を守った。そして、危機に見舞われた時、少数の者から身を守るだけで十分であった。人民を敵にまわしていたらこれだけでは十分でなかったであろう。

そこで、人民に依拠する者は泥に頼るようなものという、あの使い古されたことわざを用いて私に異を唱えることなど誰もしないように願いたい。なぜなら、このことわざが正しいのは、一人の私人が、敵や役人たちに抑圧された時に、人民が救ってくれるだろうと信じ込んで人民に依拠している時のことだからである。このような場合には、ローマにおけるグラックス兄弟(2)やフィレンツェにおけるジョルジョ・スカーリ殿(3)のように、しばしば欺かれていたことがわかるはずである。

だが、人民に依拠する君主が、命令することができ、覇気があり、逆境にあってもうろたえず、他の備えを怠らず、勇気と自らの指令で全人民を奮い立たせるような君主であるならば、人民によって欺かれるような状況に陥ることは決してないであろうし、しっかりした土台を作り上げたように思われるであろう。

このようにして作られた君主政体が、通常、危機に陥るのは、市民による制度から絶対的な制度へと移行する時である。なぜなら、このような君主たちは自分自身で命令を下すか、そうでなければ行政官を通じて命令するかのどちらかであるが、後者においては君主の政治権力は弱体化し、より危険にさらされることになるからである。

（1）ナービス（在位前二〇六～前一九二）。スパルタの僭主。土地の再分配を約束して人民の支持を獲得した。

（2）兄はティベリウス・センプロニウス・グラックス（前一六二～前一三三）、弟はガイウス・センプロニウス・グラックス（前一五三～前一二一）。両者ともに護民官で、貴族階級との戦いのなかで命を落とした。兄は貴族が引き起こした暴動で殺害され、弟は敵の手に落ちるのを逃れるために奴隷に自らを殺害させた。

（3）チョンピの乱（一三七八）後の平民の指導者。フィレンツェの君主にも等しい地位にのぼりつめたが、一三八二年一月一七日に暗殺された。

なぜなら、君主は行政官にすえられた市民たちの意志に全面的に依存することになり、行政官たちは、とくに君主が逆境に置かれた時に、いともたやすく君主から政治権力を奪ったり、君主を見捨てたり、君主に逆らったりすることができるからである。そして、君主は危機に陥った時に、絶対的権力を握ろうとしても間に合わない。なぜなら、市民も臣下も行政官たちから命令されるのが当たり前になっているので、そのような非常事態に君主の命令に従おうとしないからである。そして雲行きが怪しい時にはつねに、君主が信頼できるような者が不足することであろう。それゆえ、こうした君主は、市民たちが国家を必要としている平穏な時期に目にした事柄に依拠することはできないのである。なぜなら、平穏な時期には、誰もが駆けつけ、誰もが誓いを立て、死が遠くにある間はそれぞれが君主のために命をささげようとするものだからである。ところが、国家が市民を必要とする逆風の時には、わずかの市民しか見出せない。そしてこうした経験は一度しかなしえないだけに、それだけ一層危険である。したがって、賢明な君主は、つねに、そしてどんな時代状況においても、自分の市民たちが国家と彼とを必要とするための方法を考えておかなければならない。そうすれば市民たちはつねに君主に対して忠誠を尽くすことであろう。

第一〇章　あらゆる君主政体の戦力をどのように評価しなければならないか

これらの君主政体の性質を検討するにあたって、もう一つの点を考察しなければならない。すなわち、君主は、必要に迫られた時に自力で持ちこたえることができるような強力な政治権力を持っているのか、それとも、つねに他者の力によって守られることを必要としているのか、ということである。この点をより明確にするために私としては次のように言いたい。すなわち、自力で持ちこたえることができる者と私が判断するのは、豊富な人員と財力によって十分な軍隊をまとめあげ、攻撃してくる者があれば誰とでも戦闘を交えることができる者のことである。つねに他者の力で守られることを必要とする者と私が判断するのは、戦場で敵と対決することができず、市壁のなかに逃げ込んでこれを防衛せざるをえない者のことである。第一の場合についてはすでに論じたが、必要があれば今後も論じるであろう。第二の場合については、そのような君主たちには、自分の都市の守りを堅固にし、市壁外の所領については一切考慮しないように忠告する以外何も言うことはできない。そして、自分の都市の守りを強化し、その他の施策については、すでに述べたように、また後で述べるように、臣民に対処する者は、誰でもつねにそう簡単に攻撃されることはないであろう。なぜなら、人間は困難が見て取れる企てには反対するものだからであり、強固に守られた都市をわがものとし、さらに人民から憎まれていないような者を攻撃するのは容易なことではない、ということがわかるはずだからである。

ドイツの諸都市(1)はきわめて自由であり、周辺の属領はわずかしか持たず、気が向いたときに皇帝に従うだけで、皇帝も近隣の他のいかなる有力な君主も恐れていない。なぜなら、それらの都市は攻略するのが厄介で困難であるにちがいない、と誰もが考えるように要塞化されているからである。というのも、すべての都市には濠がめぐら

(1)　ここで言及されているのはおそらくスイスおよびチロルの諸都市のことである。マキャヴェッリはドイツを訪れたことはなかったが、スイスとチロルは神聖ローマ皇帝マクシミリアン一世のもとへ外交使節として派遣されたときに直接見聞している。

され、ちょうどいい高さの市壁が築かれていて、大砲も十分装備され、公共の倉庫のなかには一年分の飲料、食料、燃料が備蓄されているからである。そして、これに加えて、下層民を食べさせておくことができるように、しかもそのために国庫の費えがないよう、一年間は働ける仕事が下層民に与えられるような手立てがつねに整えられている。都市の活力と生命の中心となっているのがそのような活動なのであり、下層民はそれらの産業を糧としているのである。その上軍事訓練が重視されており、さらに、訓練を実施するために多くの規則が設けられている。

したがって、このように制度が整えられた都市を持ち、憎まれることがないような君主は、攻撃されることはありえないであろうし、たとえ攻撃しようとする者があったとしても、汚名とともに立ち去ることになるであろう。なぜなら、世のなかの出来事は変わりやすいものであるから、軍隊を率いて一年間もぐずぐずと包囲を続けることなど不可能だからである。ところで、次のように反論する者もあるであろう。もしも、人民が市壁の外に財産を持っていて、それが焼き払われるのを見たとすれば、それに耐えられないであろうし、長引く包囲と私欲ゆえに君主への情愛を忘れてしまうだろう、と。これに対して私は次のように答えたい。思慮深く勇敢な君主は、臣民たちに、あるときは災厄は長続きしないだろうという希望を与え、あるときは敵の残忍さという恐怖に訴え、またあるときはあまりにも向こう見ずな者たちを慎重に遠ざけて、そのような困難をすべて乗り越えるであろう、と。これに加えて、敵は、当然ながら、やって来るや否や周辺領域を焼き払い破壊するに違いないが、その頃にはまだ人びとの士気は燃え盛っており防衛の熱意があふれている。それゆえ、君主はその分だけ恐れを抱かなくてよい。というのも、それから数日たって人びとの士気がおとろえた時には、すでに述べたように、攻撃の被害を受け災厄をこうむり、もはや対処のしようがなくなってしまうからである。だが、そうなると、人びとはその分だけ一層彼らの君主と一体化するのである。君主を守るために自分たちの家が焼かれ資産が破壊されたのだから、君主が自分たちに恩義を感じているように思われるからである。そして、人間の生まれながらの性質というものは、施された恩恵に義務感を持つのと同じく、施した恩恵にも義務感を持つものなのである。そこで、こうしたことをすべてをよく考えてみると、包囲攻撃による破壊の前であれ後であれ、食料も防衛のための装備も欠いていなければ、包囲攻撃に際して市民たちの士気を強固に保つことは、賢明な君主には困難ではないであろう。

第一一章　聖職者の君主政体について

今や我々に残されているのは聖職者の君主政体について論じることだけである。こうした君主政体については、すべての困難はそれらを自分のものとする以前にある。なぜなら、それらは力量か運によって獲得されるのであるが、保持するのに力量も運も必要としないからである。というのは、こうした君主政体は宗教に根差した古くからの諸制度によって支えられているからであり、そうした制度はきわめて強力であり、君主たちがどのようにふるまい、どのように生活しようとも、彼らを権力の座にとどめておくような性質を持っているからである。こうした君主たちだけが、国家を所有しているのにそれを防衛せず、臣民をかかえているのにそれを統治しないのである。そして、防衛されていないのに彼らから国家が奪われることはない。臣民はといえば、統治されていなくてもそのことを気にかけず、君主たちから離反することを考えもしなければ、また、離反できもしない。したがって、これらの君主政体だけが安全で幸福なのである。だが、そのような君主政体は超越的な原因によって支えられており、それは人知を超えたものであるから語らずにおこう。なぜなら、神によって建立され保持されているので、それを論じるのは思いあがった人間の厚かましい行ないだからである。それにもかかわらず、教会の世俗権力がこんなに強大になってしまった――というのは、アレクサンデルが教皇になるまでは、イタリアの諸列強、そして列強と呼ばれているものだけでなく、どんな封建貴族や領主も、たとえそれが弱小なものであっても、教会の世俗権をほとんど恐れていなかったのに、今やフランス王をもおびえさせ、彼をイタリアから追い払い、ヴェネツィアを破壊することさえできるようになってしまったからである[1]が――のはどうしてかと私に問う者があれば、そのような事態は周知の事柄ではあるが、そのおおよそのところを記憶に呼び戻すのは余計なことではないように思われる。

フランス王シャルルがイタリアに南下してくる以前は、この地域は、教皇、ヴェネ

（1）カンブレー同盟をさす。

ツィア、ナポリ王、ミラノ公、そしてフィレンツェの支配下にあった。これらの列強が懸念を抱かなければならなかったのは主として二つのことであった。一つは、外国人が武力をもってイタリアに侵入するのではないかということ、もう一つは、自分たちの誰かがより大きな支配権を手にするのではないかということであった。とりわけ大きな懸念を抱かせたのは教皇とヴェネツィアであった。そして、ヴェネツィアを抑止するためには、フェッラーラの防衛[2]においてそうであったように、ヴェネツィア以外のすべての勢力が結束する必要があった。また、教皇の力を抑えるためには、ローマの封建貴族たちが利用された。彼らはオルシーニ家とコロンナ家の二派に分裂していたので、それがつねに彼らの間での紛争の原因となり、教皇の目の前で武器を手にしていたことから、教皇庁を弱体化させ衰弱させることになったのである。そして、ときにはシクストゥスのように勇敢な教皇が登場したこともあるが、それにもかかわらず、運や英知が教皇をこうした不都合な事態から解放することはできなかった。そして教皇が短命であったことがその原因であった。なぜなら、一人の教皇の平均十年の在位期間では、二派のうちの一方を打倒するのがやっとだったからである。そして、たとえばある教皇がコロンナ家をほとんど根絶やしにしてしまっても、次にオルシーニ家の敵の教皇が登場するとコロンナ家を復活させ、それでもオルシーニ家を根絶やしにするには時間が足りない、というありさまだったからである。こういうわけで、教皇の世俗権はイタリアではほとんど重く見られてはいなかったのである。

その後アレクサンデル六世が登場した。彼は、それ以前のすべての教皇の誰よりも、財力と武力を持った教皇がどれだけ優位に立つものであるかを示した。そして、ヴァレンティーノ公を道具として、また、フランス王の南下を好機として、私が先にヴァレンティーノ公の行動について述べた、あのすべての事柄を実行したのである。アレクサンデルが意図したのは教会を強大にすることではなく、ヴァレンティーノ公を強大にすることであったにもかかわらず、彼が行なったことは教会を強大にすることになった。彼が死に、公が死んだあと、彼の苦労の成果を受け継いだのは教会であった。

その後で教皇ユリウスが登場したが、その時教会は全ロマーニャを手に入れており、

（2）ヴェネツィアとフェッラーラのエルコレ・デステとの戦争（一四八二〜一四八四）で、ヴェネツィアに対抗して、ナポリ、フィレンツェ、ミラノ、そして後に教皇シクストゥス四世もフェッラーラと同盟を結んで戦った。戦争はバニョーロの和議（一四八四年八月七日）をもって終結し、ポレージネとロヴィーゴがヴェネツィアにとどまり、フェッラーラは独立を保った。

ローマの封建貴族たちは根絶やしにされ、アレクサンデルが加えた打撃で諸党派は消滅させられていたので、教会は強大になっていた。さらに、アレクサンデル以前には決して用いられたことがなかった蓄財の方法[3]への道も開かれていた。ユリウスはそれらの方法を受け継いだだけでなく、さらに推し進め、ボローニャをわがものとし、ヴェネツィアを消滅させ、イタリアからフランス軍を追い払おうと考えた。そしてこれらすべての企てに成功し、しかも彼が行なったどんなことも自分の私的利害のためではなくて、教会をより強大にするためだったので、それだけ一層称賛された。さらに、オルシーニとコロンナの両派は、彼が教皇位についたときの弱体化した状態のままにとどめた。両派のなかには紛争を主導しかねない者もあったが、それにもかかわらず、二つの事柄が彼らを押しとどめた。一つは教会が強大だったことで、そのことが彼らを意気消沈させたのである。もう一つは、彼らの間で騒乱のもととなるような枢機卿が彼らのもとにはいなかったことである。この両派のもとに枢機卿がいれば、彼らはどんな時でも平穏ではいなかったことであろう。というのは、こうした枢機卿たちはローマの内外で自分の党派を育成し、封建貴族たちはそうした党派を守らざるをえないからである。こうして、高位聖職者たちの野心から、封建貴族たちの間のいさかいや騒乱が生まれるのである。

かくして、教皇レオ猊下(4)はこの強大きわまりない教皇の座を見出されたのである。先代の教皇たちが武力によってこれを強大にしたとすれば、レオ猊下にあっては、善意とその他の限りない徳性《ヴィルトゥ》によって、強大きわまりない、また崇高なものへと作り上げられることが望まれるのである。

(3) 聖職売買のこと。

(4) レオ一〇世。大ロレンツォ（イル・マニーフィコ）の息子ジョヴァンニ・デ・メディチ。一五一三年三月一一日に教皇に選ばれた。マキャヴェッリは当時反メディチの陰謀に加担した容疑で捕らえられていたが、ジョヴァンニの教皇選出に伴う恩赦で釈放された。

第一二章　軍隊にはどれだけの種類があるか、また傭兵隊について

本書の冒頭で論じようと提示した諸君主政体のすべての性質を詳細に述べ、またそれらの政体の善悪の諸原因もいささか考察し、さらには、多くの君主たちが国家を手に入れ保持しようとした時の諸方法も提示してしまったので、今や私に残されたのは、先に述べた諸君主政体のそれぞれにおいて必要になるはずの、攻撃と防衛について一般的に論じることである。

我々は、君主はしっかりした土台を持つことが必要であり、さもなければ必然的に滅びざるをえない、とすでに述べた。新しいものであれ、古いものや新旧入り混じったものであれ、すべての国家が持つべき重要な土台は良き法律とすぐれた軍備である。そして、すぐれた軍備のないところには良き法律はなく、すぐれた軍備のあるところには必ず良き法律があるのだから、私は法律について論じることは略して、軍備につ

いて語ることにする。

そこで、私としては、君主が自分の国家を防衛するにあたって用いる軍備は自前の軍隊か、傭兵軍か、外国からの援軍か、混成軍かである、と言いたい。傭兵軍と外国からの援軍とは役に立たず危険である。傭兵軍に国家の基礎を置くなら、その者は決して堅固でも安全でもないであろう。なぜなら、そのような武力はまとまりがなく、野心にあふれ、規律を欠き、信頼が置けず、味方のなかでは勇敢だが敵の前では臆病だからである。そして、神を恐れず、人に対しては信義を守らない。敗北が引き延ばされるのは攻撃が引き延ばされるかぎりでのことである。そして、君は、平時にあっては彼らにうばいとられ、戦時にあっては敵にうばいとられることになる。その理由は、傭兵軍にはわずかの給料のほかには彼らを戦場にとどめておく愛着も動機もないということであり、その給料にしても君のために命を懸けさせるほど十分なものではない。彼らは、君が戦争をしていない間はいかにも君の兵士たらんとしているが、戦争がはじまると戦線を離脱するかいなくなるかしてしまう。こうしたことを納得させるのにたいした手間はかからないであろう。なぜなら、現在のイタリアの破滅の原因は、長年にわたって全面的に傭兵軍に依存していたということ以外にないからである。

傭兵軍も何人かの指揮官の手によっていくらかは進歩し、仲間うちでは勇敢に見えたが、外国軍がやって来るや否や勇敢さが見かけだけのものであることが明らかとなった。そういうわけで、フランス王シャルルは当然のようにチョークで印をつけることによってイタリアを奪い取ることができたのである。(1)そして、その原因は我々の罪にあると言った者(2)［サヴォナローラ］は真実を述べたのであるが、その罪というのは彼が信じていたようなものではなく、私がいま語ったようなことなのである。そして、それは君主たちの罪であったから、彼らもまた罰を受けたわけである。

私はこうした武力が役立たずであるということをさらに明確に示したいと思う。傭兵隊長は軍事に卓越した人びとであるかそうでないかである。軍事に卓越しているなら、君は彼らを信頼することはできない。なぜなら、彼らは、雇い主である君を圧迫したり、君の意図を超えて他者を圧迫したりして、つねに自分たちが強大になることを渇望するからである。だが、傭兵隊長が有能でなければ当然君を破滅させてしまう。傭兵であろうがなかろうが、武力を手にした者は誰であれそういうことをするであろうと反論する者があれば、私は、君主によってであれ、共和政体によってであれ、軍備はどのように用いられなければならないかについて答えたい。君主は自ら戦場に赴き指揮官の職務を果たさねばならない。共和政体ならばその市民を派遣しなければならない。そして、派遣した市民の一人が有能でないということがわかったら、他の者と交代させなければならない。また有能であるなら、権限を超えることができないように法律で拘束しなければならない。そして、経験から、武力を備えた君主と共和政体だけが極めて大きな発展をとげ、傭兵軍は損害しかもたらさなかったことがわかるのである。そして、自前の武力で武装した共和政体は、外部の武力で武装した共和政体よりも、一人の市民に隷従する恐れが少ないのである。

ローマとスパルタは何世紀にもわたって軍備を整え自由であった。スイス人はきわめて強固な軍備を整え、この上なく自由である。古代の傭兵軍については、その例と

（1）フランスの歴史家フィリップ・ド・コミーヌ（一四六四～一四九八）が『回顧録』のなかでアレクサンデル六世の言葉として記している。シャルル八世のイタリア遠征時に、フランス軍下士官はフランス兵が宿営することになっている家にチョークで印をつけ、戦わずして進軍したという。

（2）サヴォナローラは説教で、シャルル八世の到来は、フィレンツェ、ローマ、そしてイタリアの「罪」に対して神がくだした「罰」であると説いた。

してカルタゴ軍がある。カルタゴ人はローマとの最初の戦争が終わったとき、自分たちの市民を指揮官としていたにもかかわらず、傭兵たちによってほとんど制圧されそうになった。マケドニアのフィリッポスは、エパミノンダスの死後、テーバイ人によって彼らの軍の指揮官に選ばれたが、勝利をおさめた後テーバイ人から自由を奪ってしまった。

ミラノ人はフィリッポ公(3)が死去すると、フランチェスコ・スフォルツァを雇ってヴェネツィアに対抗させた。スフォルツァはカラヴァッジョでヴェネツィアを打ち破ると、自分の雇い主のミラノ人を制圧するために、今度はヴェネツィアと手を組んだ。彼の父のスフォルツァ(4)はナポリの女王ジョヴァンナの傭兵隊長であったが、突然彼女を見捨てて無防備状態に陥らせてしまった。ジョヴァンナは王国を失わないために、アラゴン王に身を託さざるをえなくなった。ヴェネツィアとフィレンツェは、以前、こうした武力を用いて支配領域を拡大したが、その傭兵隊長たちは君主になることもなく両国を防衛したということがあったとしても、それに対しては、フィレンツェはこの場合めぐり合わせが良かったのだ、と答えることにしよう。なぜなら、恐るべき傭兵隊長たちのある者は勝利を収めず、ある者は敵対者に阻まれ、さらにまたある者は野心を別のところへ向けたからである。勝利を収めなかった者はといえばジョン・ホークウッド(5)である。彼については、勝利を収めなかったのでその忠誠心は知ることができなかったが、もし勝利を収めていたらフィレンツェは彼の意のままになっていただろうと、誰もが告白することであろう。スフォルツァには、つねに、敵対するブラッチョ一族があり、互いに牽制しあっていた。フランチェスコがロンバルディアに野心を向けると、ブラッチョのほうは教会とナポリ王国に敵対した。フィレンツェはパウロ・だが、少し前に起こったことに目を転じることにしよう。

---

(3) フィリッポ・マリーア・ヴィスコンティ(一三九二～一四四七)。

(4) ムツィオ・アッテンドロ・スフォルツァ(一三六九～一四二四)。ナポリ王ラディズラーオの傭兵隊長。王の死後王位を継承したジョヴァンナのもとでもその職にとどまっていたが、一四二六年、ナポリ王国の王位を主張するアンジュー家のルイ三世側に寝返った。このためジョヴァンナはアラゴン家のアルフォンソを養子に迎え、彼をナポリ王国の継承者として認めざるをえなくなった。

(5) 英国人ジョン・ホークウッド(ジョヴァンニ・アクートとも呼ばれる)は著名な傭兵隊長で、一三六一年から死を迎える一三九三年までイタリアで戦った。一三三七年からはフィレンツェの傭兵隊長をつとめていた。

ヴィテッリを傭兵隊長にしたのだが、この人物は大変思慮深く、市井の一私人から身を起こし、とてつもなく大きな名声をかちえていた。したがって、もしもこの人物がピサを陥落させていたら、フィレンツェは彼をその職務にとどめざるをえなかったということを誰も否定できないであろう。というのは、彼がフィレンツェの敵方の傭兵になったとしたら、対処のしようがなかっただろうからである。そしてもしフィレンツェが彼をとどめておいたら、彼に服従しなければならなかったであろう。ヴェネツィアのたどった経過を考察してみると、次のようなことがわかるであろう。それは、ヴェネツィアが自前の軍備で戦っていた間は、確実に、またきわめて輝かしい戦果をあげており――これは軍事作戦が内陸へと向かう以前のことである――、その時は貴族も平民も武装してきわめて勇猛果敢に戦闘を展開したのだが、内陸部での戦いを始めた途端に、こうした勇敢な戦闘の気風を捨て去り、イタリアの戦争の習慣に従ってしまった、ということである。内陸部へ勢力を拡張し始めたころには、そこに大きな政治的支配力を持っておらず、大きな名声を手にしていたために、自分たちの傭兵隊長をそれほど恐れないでもよかった。だが、カルミニョーラ(6)の指揮のもと支配領域を拡大するにつれて、すぐにこの誤りを思い知ることになった。なぜなら、カルミニョーラの指揮でミラノ公を打ち破ったので彼が有能であることはわかったが、その一方で彼が戦争に気乗り薄であることに気づき、彼が望まない以上、彼を使って勝利を収めるのはもはや不可能であり、だからといって自分たちがすでに手に入れたものを再び失わないようにするためには、彼を解雇することもできないと考えるにいたったからである。そこで、自分たちの安全のために彼を殺害せざるをえなかった。その後、バルトロメーオ・ダ・ベルガモ、ルベルト・ダ・サン・セヴェリーノ、ピティリアーノ伯などが傭兵隊長になったが、彼らを雇うことでヴェネツィア人が恐れなければならなかったのは、支配領域の獲得［を傭兵隊長が利用して強大になること］ではなく、領土を失うことであった。後にヴァイラで起こったように、彼らが八百年の間に

（6）フランチェスコ・ブッソーネ、カルマニョーラ（カルミニョーラ）伯。当初ミラノのフィリッポ・マリーア・ヴィスコンティに仕えていたが、フィリッポと対立し、一四二五年、ヴェネツィアの傭兵隊長となった。一四二七年一〇月一一日、マクローディオでミラノ軍を打ち破り、ヴェネツィアはベルガモとブレッシャを獲得した。だが、戦闘再開後、ローディとクレモナをなかなか獲得できず、ヴェネツィア政府に裏切り行為を疑われて捕らえられ、一四三二年五月五日、処刑された。

大変な労苦をもって獲得したものを一日の戦闘で失ったのである。なぜなら、こうした軍備からは、のろのろとはかどらぬあてにならない獲得物と、あっという間のびっくりするほどの損失しか生まれないからである。

さて、私は、長年にわたり傭兵軍に支配されてきたイタリアにおけるこれらの事例を用いて話を進めてきたので、傭兵軍の起源と発展を見たうえで、よりよく組織しなおすことができるように、もっと古い時代から論じたいと思う。したがって、諸君はまず、近年イタリアから皇帝の権力が追い払われるや否や、また、教皇が世俗世界においてより一層の名声を得るや否や、イタリアが数多くの諸国に分裂したということを理解しなければならない。なぜなら、大都市の多くがそれらの都市の貴族――彼らは、それ以前は皇帝に庇護されて都市を抑圧してきたのである――に対して武器をとったからであり、教会は世俗世界において名声を得るために都市を支援したからである。それ以外の多くの都市では市民が君主になった。かくして、イタリアがほとんど教会といくつかの共和国の手に握られ、それらの諸国を握った聖職者や市民たちは軍備になじんでいなかったので、外国人の兵士たちを雇うようになったのである。このような軍隊に初めて名声をもたらしたのはロマーニャ出身のアルベリーコ・ディ・

コーニョ(7)であった。そして、この流派から、数ある弟子たちのなかで、ブラッチョとスフォルツァが出てきたのであり、彼らはその時代の支配者となった。彼らの後現在にいたるまで、こうした軍備を指揮してきた多くの者たちが登場したのである。彼らの力量の結末は、イタリアがシャルルによって蹂躙され、ルイによって略奪され、フェッランド［フェルディナンド（フェルナンド）］によって侵略され、スイス人によって辱められたことであった。

彼らのとった方策は、まず自分たちに名声をもたらすために、歩兵隊の名声を奪い取ってしまうことであった。彼らがこういうことをしたのは、自分たちは国家を持たず、金を儲けるための才覚に頼っていたので、少数の歩兵では彼らに名声をもたらさず、歩兵の数が大きすぎると養うことができなかったからである。それゆえ、騎兵だけにした。そうすることで、維持できるだけの人数にして、兵士を養うことができ、栄誉を得ることができたのである。そして、ついには、二千名の兵士からなる軍隊の

(7) アルベリーゴ（アルベリーコ）・ダ・バルビアーノ、クーニョ伯。イタリアにおける最初の傭兵軍、聖ジョルジョ軍団を創設。

なかで、歩兵は二百名しかいないというところまでいったのであった。その上、自分からも兵士からも恐怖と労苦を取り除くために、あらゆる策を用い、白兵戦では殺しあわずに互いに相手を捕虜にし、しかも捕虜釈放のための賠償金も求めなかった。夜間には防備を施した都市を攻撃せず、都市の側の兵士たちも敵の野営地を攻撃しなかった。野営地の周りには柵も溝も設けず、冬には野営しなかった。こうしたことすべてが彼らの軍事規律のなかでは許され、先に述べたように、労苦と危険を避けるために彼らによって考え出されたのであった。こうして、彼らはイタリアを隷属的な辱められた状態にしてしまったのである。

第一三章　援軍、混成軍、そして自前の軍隊について

援軍は役に立たないもう一つの軍備であるが、それは有力者が軍備をもって君を防衛しに来るよう呼び寄せた場合である。ごく最近では教皇ユリウスが行なったことがそれにあたる。ユリウスは、フェッラーラ攻略において自分の傭兵軍の戦果がはかばかしくないのを見ると援軍に頼る方策に切り替え、スペインの兵士と軍隊によって教皇を援助するという協定を、スペイン王フェッランドとの間に結んだ。このような軍備は、それ自体はすぐれていて役立ちうるが、それを呼び寄せた者にとってはほとんどつねに有害である。なぜなら、彼らが敗北すれば呼び寄せた者も破滅状態に陥ることになるし、彼らが勝利すればその虜になってしまうからである。こうした事例はいにしえの歴史に満ちあふれているが、それにもかかわらず、私としては、この記憶に新しいユリウス二世の例から離れようとは思わない。フェッラーラが欲しいためにす

べてを外国人の手にゆだねた、ユリウスの決断以上に理にかなわぬものはありえなかった。だが、彼に味方した幸運が第三の事態を生じさせ、彼の悪しき選択の果実を収穫しないですんだのである。というのは、彼の援軍がラヴェンナで打ち破られると、スイス人が立ち上がり、ユリウスやその他の者たちのあらゆる予測を裏切って勝利者を追い払ったので(1)、敵は逃亡し、彼は敵の虜にならずにすみ、また援軍以外の軍隊によって勝利したので援軍の虜にもならずにすんだからである。フィレンツェはまったくの非武装であったから、ピサ攻略のために一万のフランス軍を差し向けた(2)。この決断のために、これまでのどんな苦しい時にもまさる危険に遭遇したのである。コンスタンティノポリスの皇帝(3)は、近隣諸勢力に対抗するために、ギリシアに一万のトルコ

(1) ユリウス二世はフェッラーラ攻略のために、スペイン、ヴェネツィアと神聖同盟を結成した。ラヴェンナの戦い（一五一二年四月一一日）でフランス軍はスペイン軍を破ったが、総指揮官ガストン・ド・フォアが戦死し、さらに二万のスイス兵が突如教皇側について攻撃、退却を余儀なくされた。

(2) 一五〇〇年一月、ルイ一二世はフィレンツェのピサ攻略作戦を支援するために約八千の兵力を派遣した。だが、騒乱が絶えず、指揮官は無気力で軍規は乱れており、この援軍はフィレンツェにとって災厄となってしまった。

軍を投入したが、彼らは戦争が終わってもそこから立ち去ろうとしなかった。これが異教徒にギリシアが隷従する発端となったのである。

したがって、勝利を望まぬ者はこうした武力を利用すべきである。なぜなら、それは傭兵軍よりはるかに危険だからである。というのは、援軍のなかには陰謀が形作られており、全軍一体となっていて、他者に服従しているからである。だが、傭兵軍においては、勝利を収めても、全軍が一体となっていないうえに、君に見出されて給料をもらっているために、君に危害を加えるためには、より大きな機会と、より多くの時間を必要とするからである。傭兵軍においては、君が指揮官に任命した第三者が、君に危害を加えるほどの権威を直ちに手にすることなどできないのである。要するに、傭兵軍においてより大きな危険となるのはやる気のなさであり、援軍においてより大きな危険となるのは力量である。それゆえ、賢明な君主はつねにこれらの武力を避けて、自前の武力に頼ってきた。そして、他者の力で勝利するよりは、自らの力で敗北することを望んだ。他者の武力によって獲得された勝利は真の勝利ではないと判断していたからである。

私はここで、チェーザレ・ボルジャとその行動を例としてあげることをいささかもためらわないであろう。この公は援軍とともにロマーニャに侵攻したが、その時率いていたのはすべてフランス兵であり、この兵力によってイモラとフォルリを手にした。だが、その後、こうした軍備が確かなものではないと思われたので、傭兵軍のほうが危険が少ないと判断して、オルシーニとヴィテッリの軍隊を雇った。その後実際に使ってみると彼らは疑わしく、不忠実で、危険であることがわかったので、彼らを消滅させ、自前の武力に頼ることにしたのであった。フランス兵だけを率いていた時から、オルシーニとヴィテッリを率いた時へ、そして自分の兵士と自分自身を頼みとした時へと、公の名声がどれほど違っているかをよく考えてみるならば、この二種の軍備の差異は容易に見て取ることができる。そして公の名声はつねに高まっていき、公が自らの武力の完全な掌握者となったことが誰にでもわかった時ほど、公が高く評価されたことはなかったのである。

私としては直近のイタリアの例から離れたくはなかったのだが、それにもかかわら

(3) ヨアニス六世カンダクヴィノス。帝位をめぐってパレオロゴス派と対立し、一三四六年トルコの君主オルハンと同盟を結び、トルコは援軍を送り込んだ。これがヨーロッパにおけるトルコ軍の初めての駐留となり、その後のトルコの勢力拡大の基礎となった。

ず、先に私が名前をあげた者たちの一人である、シラクサのヒエローンに触れずにすましたくはない。先にも述べたように、この人物はシラクサ人によって軍隊の指揮官になったのだが、指揮官になるとすぐにこの軍隊が役に立たないことがわかった。傭兵隊長たちがわがイタリアの傭兵隊長と同じようになってしまっていたからである。そして、彼らを保持し続けるわけにも手放すわけにもいかないように思われたので、彼ら全員を切り刻み、その後は他人の武力ではなく、自らの武力で戦争をしたのである。さらに、私は、この主題について『旧約聖書』のなかの一人物のことを思い起こしたい。ダヴィデがペリシテ人の挑発者ゴリアテとの戦いに赴くとサウルに申し出た時、サウルはダヴィデを奮い立たせるために、自分の武具で彼を武装させた。その武具を身につけるや、ダヴィデは、この武具では自分の力を十分発揮することができないと言って拒んだ。それゆえ、ダヴィデは自分の石投げ器と短剣で敵に立ち向かうことを望んだのである。要するに、他人の武力は君の背中からずり落ちるか、君に重くのしかかるか、君を締めつけるかということなのである。

ルイ一一世の父シャルル七世は運と力量によってフランスを英国人から解放したが、自前の武力で武装する必要性を悟り、自分の王国で歩兵と騎兵からなる常備軍を創設した。ところが、その後息子のルイ王が歩兵軍を廃止し、スイス兵を雇うようになった。この誤りは他の王たちに引き継がれ、今や事実が明らかにしているように、(4)この王国の諸々の危機の原因となった。なぜなら、スイス兵に名声を与えたために、自らの武力を弱体化させてしまったからである。というのは、歩兵を完全に廃止し、自分の騎兵は他人の力量にゆだねてしまったからである。なぜなら、騎兵たちはスイス兵と共に戦うことになれてしまったので、スイス兵がいなければ勝利できないように思われたからである。ここから、フランス兵はスイス兵に太刀打ちできないとか、スイス兵なしでは他の誰かと戦えないということが生じたのである。こうして、フランスの軍隊は、一部は傭兵軍、一部は自前の軍という混成軍になったのである。全体が一緒になったこのような軍備は単なる援軍や単なる傭兵軍よりははるかにすぐれているが、自前の武力に比べればはるかに劣っている。そのことはすでに述べた例で十分であろう。なぜなら、もしもシャルルが作り上げた軍制が発展させられるか、あるいは、

(4)スイス軍と戦って敗北したノヴァーラの戦い(一五一三年六月六日)、英国軍および皇帝軍と戦って敗北したアンギヌガートの戦い(八月一六日)をさす。

少なくとも維持されていたならば、フランス王国は無敵であっただろうからである。だが人間の持つ浅はかさは、初めに旨みがあると思うと、その背後に毒があることに気づかずに物事を始めてしまうものなのである。それは先に肺病について述べたとおりである。それゆえ、君主の座についていて、悪しき事態が発生した時にそれがわからない者は、真に賢明であるとは言えないのである。だがこの賢明さはわずかの者にしか備わっていない。そして、ローマ帝国崩壊のもっとも重要な原因をよく考えてみるならば、それは、ひとえに、ゴート人を傭兵として雇い始めたことにあった(5)ということがわかるであろう。なぜなら、この時を初めとして帝国の諸力は衰弱し始め、帝国によって高められた武徳《ヴィルトゥ》はすべてゴート人に与えられてしまったからである。

したがって私は次のように結論したい。自前の武力を持たなければどんな君主政体も安泰でないどころか、逆境にあって自信をもって国を守る力量がないので全面的に運に頼ることになる。そして、賢明な人びとの見解にして金言は、つねに、「自らの力に基づかぬ権力の名声ほどもろく不安定なものはない(6)」というものであった。ところで、自前の武力というのは、臣民か市民か君の子飼いの部下かで構成された軍備のことであり、その他のすべては傭兵軍か援軍かである。そして、自前の武力を整備する方法は、先に私があげた四つの軍制を考察するなら、また、アレクサンドロス大王の父フィリッポスや、多くの共和政体や君主たちが、どのように武装し軍制を整えたかを見るなら、容易に見出すことができるであろう。私はそのような軍制を全面的に信頼している。

（5）まず三七六年にウァレンティニアヌス二世によって、次いで三八二年にテオドシウス一世によって大幅に雇い入れられた。
（6）タキトゥス『年代記』第一三巻第一九章。

第一四章　軍隊に関する君主の任務について

したがって君主は、戦争と軍事的諸制度と軍事訓練以外、いかなる目的も、いかなる関心も持ってはならず、また、それ以外のどんなことも自分の任務としてはならない。なぜなら、戦争とそれにかかわる事柄は統治する者に属する唯一の任務だからであり、また、生まれながらの君主にその地位を保持させるだけでなく、しばしば私人の身分の者を君主の地位にまで昇らせるような力だからである。そして、これとは逆に、君主たちが軍備よりも贅沢な暮らしのほうに心を向けた時に、その地位を失ってきたことが見られるのである。君にこの地位を失わせる第一の原因はこの任務をおろそかにすることであり、君にその地位を獲得させる原因はこの任務に熟達することである。フランチェスコ・スフォルツァは武装していたために私人の身分からミラノ公になった。ところがその息子たち(1)は、軍備の煩わしさを逃れたがために、公爵の身分から私人へと転落してしまった。なぜなら、君に悪しき事態を引き起こす諸原因のなかでも、非武装であることは君を軽蔑させることになるからであり、後で述べるように、君主が避けなければならない汚名の一つだからである。なぜなら、武装せる者と武装せざる者とではまったく比較にならないからであり、武装せる者が武装せざる者に喜んで服従するとか、武装せざる者が武装した臣下のなかで安泰を保つなどということは道理にかなっていないからである。なぜなら、武装せる臣下には侮蔑があり、武装せざる君主には疑念があるので、両者が一緒になって軍事行動を進めることなど不可能だからである。それゆえ、軍事を理解していない君主は、先に述べたように、他の様々な不幸に加えて、自分の兵士たちから尊敬されることはありえず、また、自分が兵士たちを信頼するということもありえないのである。

それゆえ、君主は、こうした軍事訓練を決して念頭から取り除いてはならない。そして、平時においては戦時にもまして訓練に励まなければならないが、それは二つの

（1）後継者たち。ガレアッツォ・マリーア（一四七六年に暗殺された）、ジャン・ガレアッツォ（一四九二年、ルドヴィーコ・イル・モーロによって地位を奪われた）、ルドヴィーコ・イル・モーロ（一五〇〇年にミラノ公国を失った）。

方法で行なうことができる。一つは実際的な行動によるものであり、もう一つは頭を使うものである。実際的な行動について言えば、兵士をよく組織し十分訓練することに加えて、つねに狩りに出かけなければならない。そして狩りを通して身体を困難な状況に慣らし、同時に地形の特性を体得し、山がどのようにそびえ、渓谷がどのように開け、平野がどのように横たわっているかを知り、河川や沼地の特性を理解しなければならない。そしてこうしたことに最大限の注意を払わなくてはならない。このような知識は二つの方法で役に立つ。第一に、自分の国をよく知ることになり、その防衛をよりよく理解できる。次に、そのような地形の知識と実際経験の力を借りて、新たに観察することが必要になった自分の国以外のどんな地形もたやすく理解することができる。例えば、トスカーナにある丘陵、渓谷、平野、河川、沼地は、他の諸地方にあるものと何らかの類似性を持っているので、こうしてある地方の地形の知識によって別の地方の知識にもたやすく到達できるわけである。こうしたことに熟達していない君主は、指揮する者が持たねばならぬ第一の資質を欠いているのである。なぜなら、そうしたことは、敵を発見し、野営地を選び、軍隊を率い、会戦を組み立て、君が有利になるように都市を包囲することを教えるからである。

アカイア人の君主フィロポイメン(2)には、様々な著述家によって多くの賛辞が寄せられているが、なかでも、彼は平時にあっても戦争の方法以外は決して考えなかったことが称えられている。彼は、友人たちと田舎に出かけた時に、しばしば立ち止まって彼らと論じ合った。「もしも敵があの丘の上にいて、我々が軍を率いてここにいたとすれば、どちらが有利だろうか。この陣形を保ったままどのように敵を攻撃できるだろうか。もしも我々が退却しようとすればどのようにすべきだろうか。もしも敵が退却したら我々はどのように追撃すべきだろうか」。そして歩きながら友人たちに軍隊のなかで起こりうるあらゆる事態を提起し、彼らの意見に耳を傾け、自分の意見を述べ、様々な根拠をあげて自説を裏付けた。こうして、このような絶えることのない熟慮のおかげで、軍隊を率いた時に対処できないような偶発的事態は決して起こりえなかったのである。

一方、頭を使う訓練について言えば、君主は歴史書を読み、それによって優れた人

(2) フィロポイメン（前二五三〜前一八三）。アカイア同盟（アカイアからペロポネソス半島に拡大した諸ポリスの同盟）の指導者。

びとの行動を考察し、彼らが戦争でどのようにふるまったかを見、彼らの勝利と敗北の原因を検討し、敗因はこれを避け、勝因は模倣できるようにしなければならない。そしてとくに、優れた人物は、自分より以前に称えられ栄光を授けられた者がいれば、その人物の立派な行為や行動をつねに心にとどめ模倣しようとしたのだから、それと同じようにしなければならない。アレクサンドロス大王がアキレウスを模倣し、カエサルがアレクサンドロスを、スキピオ[3]がキュロスを模倣したようにである。そして、クセノフォン[4]によって書かれたキュロスの伝記を読む者は誰でも、後になってからスキピオの生涯のなかにキュロスの模倣がどれほどの栄光をもたらしたか、また、純潔、柔らかな物腰、人間性、寛大さにおいて、スキピオが、クセノフォンによって書かれたキュロスのそれといかに合致しているかを知るであろう。

　これらと同様の方法を賢明な君主は守らなければならない。そして平時にあっても決して安眠をむさぼらずに、逆境においてこれらの前例を価値あらしめることができるように、努めて財産とし、運が一変した時にそれに立ち向かえるように備えておかなくてはならない。

（3）スキピオ（大アフリカーヌス）（前二三五～前一八三）。古代ローマの将軍、政治家。前二〇二年、ハンニバルを破り第二次ポエニ戦争を終結させた。

（4）クセノフォン（前四三〇頃～前三五五頃）。アテナイ人でソクラテスの弟子。軍人にして著述家。ここでとりあげられているのは『キュロス王の教育』であろう。

第一五章　人間が、とくに君主が、称賛されたり非難されたりする事柄について

今や残されているのは、君主の臣民や味方に対するふるまい方がどのようでなければならないかを検討することである。そして私はこのことについて多くの人びとが書いてきたということを知っているので、私も書くということになると、この主題を論じる際の他の人びととの議論の進め方と大きく懸け離れているために[1]、思いあがっているととられはしないかと危惧している。だが、私の意図は、理解する者には役立つだろう事柄を書くことであったから、物事についての想像よりも、物事の実際の真実を追究するほうがより適切であるように思われたのである。そして、多くの人びとは、一度も見たことがなく、また、現実には存在することを知りもしない共和政体と君主政体を空想してきたのである。だが、どのように生きているかということとどのよう

に生きるべきかということは非常に懸け離れているので、なすべきことのために現になされていることを蔑《ないがし》ろにする者は、自らの保持よりもむしろ破滅を学んでいるのである。なぜなら、すべての点で善をなそうと欲する者は、必ずや善からぬ者たちのなかで破滅することになるからである。そういうわけで、君主がその地位を保持しようと望むのであれば、善からぬ者にもなりうることを学び、必要に応じてそれを用いたり用いなかったりする必要がある。

したがって、君主に関する空想上の事柄には触れずに真実を論じるにあたり、総じて人間のことが話題になる場合には、すべての人々に非難や称賛をもたらす次のような資質のいくつかが付与されるものだが、とくに君主はより高い地位にあるためにそれがはなはだしいのだ、と私は言いたい。すなわち、ある者は気前がよく、ある者はどけち――ここではトスカーナの言い回しを用いる、というのは、我々の言語［イタリア語］で強欲というのは強奪してでも欲しいものを手に入れたい人間のことでもあるからであり、我々がどけちと呼ぶのは自分のものをとことん使うまいとする人間の

（1）理想主義的な君主論との違いを暗示している。

ことだからである――とされ、ある者は出し惜しみしない者、ある者はごうつくばりとされ、ある者が残酷ならある者は慈悲深く、ある者が不実ならある者は信頼がおけ、一方が女々しく意気地がないとすれば他方は荒々しく勇敢であり、一方は人間味豊かだが他方は傲慢であり、一方が放蕩者なら他方は堅物、一方は誠実で他方は狡猾、一方が落ち着いていれば他方は軽はずみ、一方が信心深ければ他方は不信心者、といった具合である。そして私は、いまあげたすべての資質のうち、君主が善いと思われるものばかりを身につけていたとすれば、この上なく称賛されるべきであろうと誰もが認めるはずだということを知っている。だが、そうした善い資質すべてを身につけることも、また、それらを完全に守ることもできない。それというのも人間の諸条件がそれを許さないからである。それゆえ君主は、君主の地位を奪いかねない悪徳の汚名を避けることができるように十分慎重である必要があるし、できれば、地位を奪うほどではない悪徳からも身を守る必要がある。だが、こちらの悪徳のほうは、それができなければ、あまり気にせずに成り行きにまかせることができる。さらにまた、それらの悪徳なしには君主の地位を救うことが困難であるのなら、そういう悪徳の汚名を受けるはめになることを気にかけてはならない。なぜなら、すべてをよく考えてみれば、なにか美徳のように思われるものでも、それにつき従ってゆくと自らの破滅になりかねないものがあるからである。またその一方で、悪徳のように思われるものでも、それにつき従ってゆくと自らの安全と繁栄を生み出すものがあるからである。

第一六章　気前の良さと吝嗇について

そこで先に記した資質の最初のものから始めるならば、私は、気前が良いと受け取られるのはよいことであろうと言いたい。それにもかかわらず、君が気前が良いと受け取られるように気前の良さを用いると、それは君を害することになる。なぜなら、見せびらかさずに気前の良さを用いるならば、そして気前の良さはそのように用いられるべきだとされているのだが、そうとは認められずに、それとは逆の汚名(1)が君に降りかかるだろうからである。それゆえ、人びとの間で気前が良いという評判を保とうと望むなら、豪奢の資質を何一つなおざりにしないことが必要になる。こうして、そのような君主は、そうした事業につねに自分の全財産を使い果たすことになるであろう。そして、結局は、気前が良いという評判を保とうとすれば、異常なまでに人民を抑圧し、重税を課し、金銭を得るためにできることはすべてやらざるをえなくなり、そのために臣民たちは君主に憎悪を抱くようになるか、さもなければ、君主が貧乏になってしまったために、彼は誰からもほとんど尊敬されなくなってしまうであろう。かくして、このような彼の気前の良さによって多数者を傷つけ少数者に報いたことで、彼は些細な騒乱にも当惑し、始まったばかりのどんな危機においても致命的な事態に陥ることになる。このことに気づいて引き返そうとすると、たちまちどけちという汚名を受ける羽目になる。したがって、君主は、自ら打撃をこうむることなしには、気前の良さが認められるようにこの美徳を用いることはできないのだから、賢明であるなら、どけちという評判を気にかけてはならない。なぜなら、時がたつにつれて、君主の倹約によって歳入が十分なものとなり、戦争を仕掛けてくる者に対して防衛することができ、人民に重税を課すことなく事業を遂行することができるということが明らかになると、彼はよりいっそう気前が良いと受け取られることになるだろうからである。こうして、君主は、彼が奪い取らない数知れぬ人びとすべてに対しては気前良くふるまっていることになり、彼が与えないわずかの人びとすべてに対してはけちけ

（1）すなわち吝嗇であるとの評判。

ちしていることになるのである。

現代にあっては、どけちであると受け取られた人びとのほかは偉大な事業を成し遂げていない、ということを我々は見てきた。それ以外の人びとは滅んでしまったということを我々は見てきたのである。教皇ユリウス二世は、教皇の座につくために気前が良いという評判を役立てたが、その後戦争を行なえるようにするためには、この評判を保とうとは考えなかった。現在のフランス王［ルイ一二世］は、臣民たちに度を越した税金を課すことなしに多くの戦争を行なってきたが、それはひとえに長きにわたる倹約によって余分な支出に対処していたからである。現在のスペイン王［カトリック王フェルディナンド］は、もしも気前が良いと受け取られていたならば、あれほど多くの戦争を行なうことも、それに勝利することもなかったであろう。それゆえ、君主は、どけちという汚名を受ける羽目になることを——臣民たちから奪い取ることがないように、自らを守ることができるように、貧困に陥って蔑まれるようなことにならないように、強欲にならざるをえないような事態に陥らないように——あまり気にかけてはならない。なぜなら、これ［どけちという汚名］は彼を統治者の地位につかせる悪徳の一つだからである。もしも誰かが、カエサルは気前の良さを用いて帝位についたのだし、その他多くの者も、気前が良かったり、あるいはそのように受け取られたためにきわめて高い地位についたではないかと言ったとしたら、私は次のように答えたい。君はすでに君主になっているのか、それとも君主の地位を獲得する途中なのか、と。第一の場合であれば、この気前の良さは有害である。第二の場合であれば、気前が良いとか、あるいはそのように受け取られるのは大いに必要である。そして、カエサルはローマの君主の地位につこうと望んでいた一人であったが、その地位についた後生き延びてあのような支出を自制しなかったならば、帝権を失っていたことであろう、と。

さらに誰かが、大いに気前が良いと受け取られながら、軍隊を率いて偉大な事業を成し遂げた君主がたくさんいるではないかと反論するならば、私は次のように答えたい。その君主は自分のものや臣民たちのものを費やしているのか、それとも全くの他人のものを費やしているのか、と。第一の場合には、使いすぎないようにしなければならない。もう一つの場合には、気前の良さを発揮しつくさなければならない。軍隊を率いて進み、戦利品、略奪、身代金を糧とする君主、つまり赤の他人のものを利用する君主にはこの気前の良さが必要である。さもなければ兵士たちはついてこないであろう。キュロスやカエサルやアレクサンドロスがそうであったように、君のものや君の臣民たちのものでないものならば、はるかに惜しみなく与えることができる。なぜなら、他人のものを費やすことは君から名声を奪わずに、むしろ君の名声を高めるからであり、君のものを費やすことだけが君を害することになるのだからである。そして気前の良さほど自分自身をすり減らすものはない。君が気前の良さを駆使しているうちに、君はそれを用いる能力を失い、貧困に陥って蔑まれることになるか、あるいは貧困を逃れるために、強欲となり憎悪されることになる。そして、君主が警戒しなければならない諸々の事柄のなかに、蔑まれ憎悪されることがある。気前の良さはそのどちらへも君を導くのである。それゆえ、気前が良いという評判が欲しいために、憎悪を伴う悪評を生み出す強欲という汚名を身に受けざるをえなくなるよりも、憎悪を伴わぬ汚名を生み出すどけちという評判を身につけるほうがはるかに賢いのである。

第一七章　残酷さと慈悲深さについて、また、恐れられるのと愛されるのとではどちらがよいか

先にあげた他の資質に話を移すなら、どの君主も慈悲深いと受け止められるのを望むべきであり、残酷であると受け取られないように望むべきだと、私は言いたい。それにもかかわらず、こうした慈悲深さを下手に用いることのないように気をつけなければならない。チェーザレ・ボルジャは残酷であると思われていた。しかしながら、彼のあの残酷さがロマーニャの秩序を回復し、統一し、平穏にし、忠誠をつくすようにしたのである。このことをよく考えてみると、チェーザレはフィレンツェの人民よりもはるかに慈悲深かったことがわかるであろう。フィレンツェの人民は、残酷であると名指されるのを避けようとして、ピストイアを破滅するがままにしたのである(1)。それゆえ、君主は、自分の臣民を結束させ忠誠をつくさせるためには、残酷だという

汚名を気にかけてはならない。なぜなら、あまりにも慈悲深いために殺戮と略奪を生み出すような混乱状態を放置する者たちよりも、ごくわずかの残酷な処罰を下すだけで、彼のほうがずっと慈悲深い者となるだろうからである。というのは、混乱状態から生じる殺戮や略奪は住民全体に危害を加えるのがつねであるが、君主によってなされる処罰は個々の人間に危害を加えるだけだからである。そして、すべての君主たちのなかでも、新しい君主にとっては、残酷だという評判を逃れることは不可能である。それというのも、新しい国家は危険に満ちているからである。ウェルギリウスもディードーの口を借りて次のように言っている。(2)「厳しい状況と国の新しさが、私にこのような処置をとらせ、国境一帯の守りを固めさせているのです」。しかしながら、信じること、行動することにおいては慎重でなければならないし、また自分自身が作

(1)一五〇一年一月、フィレンツェ支配下のピストイアで、パンチャーティキ家の一派とカンチェッリエーリ家の一派との間の争いによって大きな暴動が発生した。フィレンツェは秩序を回復しようとしたが、対応がちぐはぐだったために新たな騒乱状態を引き起こすことになった。マキャヴェッリはフィレンツェの調停役として何回かピストイアに派遣されている。

(2)ウェルギリウス『アエネーイス』第一巻五六三〜五六四。

り出した幻影に怯えてもならない。そして、思慮深く人間味をもって自制し、人を信用しすぎて不用心になったり、不信を抱くあまり鼻持ちならぬ者とならないようにふるまわなければならない。

このことから一つの議論が生まれる。それは、恐れられるよりも愛されるほうがよいのか、それともその逆のほうがよいのか、というものである。どちらでもあることが望ましかろうというのが答だが、両者を一つにしてしまうのは困難であるから、どちらか一つを断念しなければならないのなら、愛されるよりも恐れられるほうがはるかに安全である。なぜなら、人間については一般に次のように言うことができるからである。つまり、人間というものは恩知らずで、移り気で、猫かぶりで、空とぼけていて、危険を避けようとし、儲けることにかけては貪欲なのである。だから、君が恩恵を施している間はすべての者が君の意のままになり、君に自分たちの血も財産も命も、そして子供たちまでもささげるのだが、先に述べたように、それは、その必要がはるか彼方にある場合のことである。だが、いざその必要が近づいてくると寝返りを打ち、彼らの言葉に完全に頼った君主は、それ以外の備えをまったく欠いているので破滅するのである。なぜなら、精神の偉大さや高貴さによるのではなく、代価を支払うことによって手に入れた友情は、購入することはできても所有物とはならず、いざその時が来ても役に立たないからである。そして、人間というものは、恐れられている者よりも愛されている者のほうを、よりためらうことなく害するものなのである。なぜなら、愛情は恩義の絆でつながれているのであるが、その絆は、人間がよこしまであるために、自分自身の利益にかかわる好機が到来すればいつでも断ち切られてしまうが、恐れのほうは君から決して離れることのない処罰の恐怖によってつながれているからである。

しかしながら、君主は、愛されはしないまでも、憎悪されることを避けて恐れられるようにならなければならない。なぜなら、憎悪されずに恐れられることは立派になりたつからである。それは、自分の市民や臣民の財産に、また彼らの婦女子に手を出さなければ、つねになしうるであろう。それでも誰かを処罰する必要に迫られたなら、適当に正当化できて明白な理由をつけて行なうべきである。だが、他人の財産に手を

(3) マキャヴェッリはここで商業都市フィレンツェの市民になじみぶかい商取引用語（直訳すると「支払い期日に」となる）を用いている。

出すことはとくに控えなければならない。なぜなら、人間というものは、財産を奪われたことよりも父親の死のほうを早く忘れてしまうものだからである。それに、財産を取り上げる口実には決して事欠かず、略奪によって生活し始めた者は、他人の財産を奪う口実をつねに見つけ出すが、これとは逆に、命を奪うための口実ははるかに稀であり、より早く尽きてしまうからである。

だが、君主が軍隊を率いて兵士の大集団を統率している時には、残酷だという評判をまったく気にかける必要はない。なぜなら、このような評判なしには、軍隊を団結させることも、どんな軍事行動にとりかからせることもできないからである。ハンニバル(4)の驚嘆すべき行動のなかに次のようなものがあげられる。彼は数限りない種族がまじりあった巨大な軍隊を率いて、なじみのない土地［イタリア］で戦いを推し進めたのであったが、不運に遭遇した時も、幸運に恵まれた時と同じように、兵士たち同士の不和も指揮官への反目も生まれなかったのである。このようなことはハンニバルの非人道的な残酷さから以外には生じえなかったであろう。この残酷さは彼の限りない力量と一体になって、兵士たちの目には彼がつねに尊敬すべき人物であるとともに恐るべき人物として映ったのである。このような残酷さなしに、あのような効果をあげるには、彼のそれ以外の力量だけでは足りなかったであろう。この点について深く考えない著述家たちは、一方でハンニバルの行動を称賛しながら、他方でそうした行動の主要因を非難しているのである。

それ以外の力量だけでは足りなかっただろうということが正しいことは、スキピオの場合を考えてみれば明らかにすることができる。スキピオは彼の時代においてだけでなく、これまでに知られている全歴史の記憶においても傑出した人物であったが、それにもかかわらず、彼の軍隊はイスパニアで反乱を起こしたのである。この事態はスキピオがあまりにも慈悲深かったということ以外からは生じなかった。この慈悲深さが、彼の兵士たちに軍規に適さぬわがままを許すことになった。彼はこうした事態を元老院でファビウス・マクシムスに咎められ、ローマの軍団を堕落させる者と呼ばれたのである。ロクリの住民たちがスキピオの補佐官によって略奪された時、スキピ

（4）ハンニバル（前二四七〜前一八三）。カルタゴの名将。前二一八年、ローマに挑戦して第二次ポエニ戦争を起こし、アルプスを越えてイタリアに侵入。カンナエの戦いでローマ軍を撃破するも次第に戦線が膠着化。本国に帰還後、前二〇二年、ローマ軍に敗れ第二次ポエニ戦争は終結した。

オは彼らのために報復せず、この補佐官の横暴なふるまいをただそうともしなかったが、そうしたことはすべて彼の寛大な性格から生じたのであった。そういうわけで、ある者が、元老院でスキピオをかばおうとして、過ちをただすよりも過ちを犯さないほうがよいと思っている人間は多数いるものだ［そして彼はその一人だ］と言ったほどである。スキピオがこのような性質をそのまま持ち続けて司令官にとどまっていたとしたら、彼の名声と栄光は時の経過とともに傷つけられていたであろう。だが、彼は元老院の統制のもとで活動していたので、このような彼の有害な性質は隠されていただけでなく、彼に栄光をもたらすことになった。

したがって、恐れられることと愛されることに戻って、私は次のように結論を下そう。すなわち、人間は自分たちの意に沿う限りで君主を愛し、君主の意に沿う限りで君主を恐れるのであるから、賢明な君主は、自分自身の思うところに依拠し、他人の思うところに依拠してはならない。だがすでに述べたように、憎悪されることだけは避けるように努めなければならない。

第一八章　君主はどのようにして信義を守らなければならないか

君主が信義を守り、狡猾に生きるのでなく、誠実に生きることがどれほど称賛に値するかは誰でもわかっている。それにもかかわらず、現代においては、信義にほとんど注意を払わずに、狡猾さをもって人びとの頭脳を欺いた君主たちが偉大な事業を成し遂げたことが見出せる。そして、結局は、そうした君主たちは誠実さに依拠した者たちを圧倒したのであった。

したがって、諸君は、闘いには二つの種類があることを知らなければならない。一つは法律によるものであり、もう一つは力によるものである。前者は人間固有のものであり、後者は野獣のものである。だが多くの場合前者だけでは不十分なので、後者に訴えなければならない。それゆえ君主には野獣と人間をうまく使い分けることが必要である。この点は古代の著述家たちによってそれとなく君主たちに教えられていた。

彼らは、アキレウスやその他多くの古代の君主たちがケンタウロス族［半人半馬の怪物］のケイローン(1)に預けられて、ケイローンにしつけられたと書いている。この話が言わんとしているのは、半獣半人のものを師匠にしたということであり、君主には人間と野獣のどちらの性質も用いる必要があるということにほかならない。どちらかが欠けていると君主の地位は長続きしないのである。

したがって、君主は野獣の性質をうまく使いこなす必要があるわけだが、そのなかでも狐とライオンを選ばなくてはならない(2)。というのは、ライオンは罠から身を守ることができず、狐は狼から身を守ることができないからである。したがって、罠を見きわめるためには狐である必要があり、狼をぎょっとさせるためにはライオンである必要がある。単にライオンに依拠している者はこのことがわかっていないのである。それゆえ、思慮深い君主は、信義を守ることが害をもたらす場合や、信義を守ると約束させられた際の理由が失われた時には、信義を守ることができないし、また守るべ

(1) ケンタウロス族のケイローンは、賢明で、正しく、音楽、医術、運動競技などに優れており、多くの英雄たちが、幼年時代、彼に養育されたという。
(2) キケロ『義務について』第一巻中の記述がヒントになっていると思われる。

きでもないのである。人間がすべて善良ならばこの教えは善からぬものであろう。だが、人間は邪悪であり、君に対して信義を守らないのだから、君のほうでも信義を守るにはおよばない。その上、君主には信義の不履行を取り繕うためのもっともな理由には事欠かないのである。このことについては現代の数限りない事例をあげることができるだろうし、君主たちの不誠実によってどれだけの平和や約束が無効にされ、効力が失われることになったかを示すことができるだろう。そして、狐の性質をよりよく用いることができた者がよりよい結果を手にしたのである。だが、この性質はうまく取り繕うことが必要であり、大いなる猫かぶりにしてとぼけ上手でなければならない。さらに、人間はきわめて単純で、やすやすと目先の必要性に従ってしまうので、騙そうとする者はつねに騙されるがままになっている者を見つけることであろう。

私としては、記憶に新しい実例のなかで、黙っていたくないものが一つある。アレクサンデル六世は人をたぶらかす以外のことは何一つせず、また、それ以外のことを何一つ考えず、つねにたぶらかすことができるような素材を見つけ出した。そして、この教皇ほど、あることを断言することできわめて大きな効果を手に入れ、その実行を熱烈に誓いながらそれをほとんど守らなかった者はいなかった。それにもかかわらず、彼の欺瞞は思い通りに成功した。なぜなら、彼は世の中のこうした面をよく知っていたからである。

したがって、君主にとって必要なのは前述の資質を実際にすべて備えていることではなくて、備えているように見せかけることである。それどころか、むしろ、私はあえて次のように言いたい。すなわち、それらの資質を備え、つねに守るのは有害だが、それらを備えているように見せかけるのは有益である、と。例えば、慈悲深く、信義を守り、人間味があり、誠実で、信心深く見えること、そして実際にそうであることは有益である。だが、そのようであることが必要でなくなったら、全く反対の資質を持った人物になりきることができるような心構えをあらかじめ持っていなくてはならない。そして次のことを理解しておくべきである。すなわち、君主、とくに新しい君主は、自らの地位を保持するために、人間が善良であると呼ばれるための事柄をすべて守ることはできず、しばしば信義に逆らい、慈悲心に逆らい、人間性に逆らい、宗教に逆らって行動することが必要である、ということである。それゆえ、君主は、運の風向きや事態の変化が命じるところに従って、いつでも向きが変えられるような心構えを持つことが必要である。そして、先に述べたように、できることなら善から離れずに、しかし必要とあらば悪に踏み込むことができるような心構えを持つことが必要である。

したがって、君主は、先に述べた五つの資質を満たしていないような言葉を発しないように、十分注意しなくてはならない。そして、自分の言葉を耳にしたり自分に謁見したりする者たちに対し、慈悲心にあふれ、とことん信義を守り、きわめて誠実で、人間味にあふれ、いかにも信心深く思われるようにしなければならない。そして、この最後にあげた資質を持っているように思われることほど必要なことはない。また、人間というものは、一般に、手で触れて判断するよりも目で見て判断することのほうが多いものである。なぜなら、見ることは誰にでも許されるが、手で触れることはわずかの者にしか許されないからである。君の外見は誰でも目にするが、実際の君に触れて君を知るのはわずかの者だけである。そして、このわずかの者たちは、自分たちを庇護している国家の威光を手にしている多数者の意見にあえて逆らおうとはしないのである。すべての人間の行動においては、とくに、訴えられても判決を下す裁判所のない君主の行動においては、結果だけで判断されるものなのである。

それゆえ、君主は、勝利し、国家を保持するようにすべきである。そうすれば、手段はつねに立派なものと評価され、誰からも称えられるであろう。なぜなら、俗人どもは、見た目と物事の結果とにとらえられてしまうからである。そして世の中には俗人しかいないので、大多数の者がよりどころを持っている場合には、わずかの者が入り込む余地はない。その名を出すのはやめておくが、現代のある君主[3]は、平和と信義以外のことは決してとなえないが、その両者に対してこの上なく敵対的である。彼が平和と信義をともに守っていたならば、何度も名声と権力の座を奪われていたことであろう。

(3) スペインのカトリック王フェルディナンド（フェルナンド）をさすと言われている。

第一九章　軽蔑されたり、憎悪されたりすることをどのようにして逃れるべきか

さて、先にあげた資質のうち最も重要なものについてはすでに述べたので、その他の資質については、本章の表題のもとで一括して簡単に論じておきたい。すなわち、先にも部分的に述べたように、君主は憎悪されたり軽蔑されたりするような事柄を避けるべく心しなければならない、ということである。どんなときでもこの点を逃れるならば自分の任務を果たせるであろうし、これ以外の悪評を受けてもいかなる危険にも出会わないであろう。私が先に述べたように、強欲で、臣民の財産や婦女子の簒奪者となることが君主への憎悪を招くのである。それゆえこれは控えなければならない。大多数の人びとは、名誉も財産も取り上げられなければ、どんなときでも満足して生活する。したがって、君主は少数の者の野心と闘うだけでよい。そして、そうした野

心は多くのやり方でたやすく制御できるのである。君主を軽蔑させるのは、気まぐれで、軽薄で、軟弱で、意気地なしで、優柔不断であることである。君主はこうしたことを暗礁だと考え、乗り上げないように警戒しなければならず、行動において、偉大で、勇気があり、威厳にあふれ、力強いことが認められるように努めなければならない。また、臣民たちの間の私的な事柄については、自分の裁定を取り消すことができないようにしなければならない。誰も君主をたぶらかしたり、ぺてんにかけたりすることを考えることがないような評判を堅持すべきである。

このような評判を身につけた君主は大いなる名声を獲得するのであり、名声を獲得した者に対しては、彼がきわめて優れており臣民たちから敬われているということが知れ渡っているかぎり、謀反を企てたり攻撃を加えたりすることは困難である。なぜなら、君主は二つの恐れを抱いていなければならないからである。一つは内側の、臣民に対するもの、もう一つは外側の、国外の強国に対するものである。国外の強国に対しては、すぐれた軍備と堅固な同盟者によって守ることができ、すぐれた軍備を持っていれば、つねに堅固な同盟者を得ることになるであろう。外側の情勢が安定している時には、これまでに謀反によって混乱させられたことがないかぎり、内側はつねに安定しているであろう。また、外側の情勢が揺れ動いている場合でも、君主が備えを怠らず、先に述べたような生活をおくっていれば、自暴自棄に陥らないかぎり、私がスパルタのナービスが行なったことについて述べたように[1]、どのような猛攻にも持ちこたえることであろう。

だが、臣民については、外側の情勢が揺れ動いていなくても、密かに謀反を企んでいるのではないかとの懸念を抱かなくてはならない。君主が憎悪され軽蔑されることを避け、人民が君主に満足していれば、この点について十分安心していられる。先に詳しく述べたように、これはぜひともやりとげなくてはならない。そして、謀反に対して君主が手にする最も強力な対策の一つは、大多数の人びとから憎悪されないことなのである。なぜなら、謀反を企む者は、つねに、君主の死は人民を満足させると信じ込んでいるが、それが人民を怒らせることになると思った時には、そのような方針をとる勇気はないからである。なぜなら、謀反を企む側には数え切れないほどの困難があり、経験から明らかなのは、謀反は数多くあったものの、目的を達したものはごくわずかだということだからである。なぜなら、謀反を企む者が一人だけということはありえず、不満を抱いていると確信した者たちしか仲間にできないからである。そして、君が不満を抱いている者の一人に君の本心を打ち明けるや否や、君はその者が満足するきっかけを与えたことになる。なぜなら、打ち明けられたことによって、彼はそこからあらゆる利益を期待できるからである。かくして、こちら側からは確実な利益が得られるとか、あちら側からの利益は疑わしく危険に満ち溢れているとか考えて、［謀反の企みを密告することによって］君主の貴重な友となるか、君との信義を守って君主のかたくなな敵となるかのどちらかにならざるをえない[2]。さて、この主題を簡単に要約して、私は次のように言いたい。すなわち、謀反を企む側には恐れと警戒心と彼をおびえさせる刑罰の不安しかないが、君主の側には君主政体の威厳と法律と味方と国家の守護があり、これらが君主を守っている。こうして、これらすべてに人民の好意がつけ加わるならば、誰も向こう見ずに謀反を起こすことはありえないのである。なぜなら、謀反を企む者は悪事を実行に移す前に恐れを抱くのがつねであるが、この場合には人民を敵にまわしているために、犯行後も恐れを抱き続けなければなら

（1）第九章参照。
（2）ここで「君」と呼びかけられているのは現在君主の地位についている者ではなくて、謀反を起こして「新しい君主」になろうとしている者である。

ず、そのためにどこかに身を隠すことも望めないからである。

この主題については無数の事例をあげることができるだろうが、ここでは私たちの父祖の時代に起こった一例をあげるだけで満足したいと思う。現在のアンニーバレ殿の祖父のアンニーバレ・ベンティヴォリ殿はボローニャの君主であったが、謀反を起こしたカンネスキ家の者たちに殺害された時、彼の跡継ぎとして残されたのは産着にくるまれたジョヴァンニ殿であった。ところが、この殺害の直後に人民が蜂起し、カンネスキ一族を皆殺しにしてしまった。(3) これは、当時、ベンティヴォリ家に人民の好意が寄せられていたために生じたことなのである。ベンティヴォリ家に寄せる人民の好意はあまりにも強かったので、アンニーバレが殺害された後、国を治めることのできるベンティヴォリ家の者がボローニャには誰も残っていなかったために、その時まで鍛冶屋の息子だと思われていた(4) ベンティヴォリの血筋の者が一人フィレンツェにいるという手掛かりを得ると、ボローニャの人びとはその人物を捜しにフィレンツェまで出かけて行き、彼にボローニャの統治をゆだねたほどであった。ジョヴァンニ殿が統治するにふさわしい年齢に達するまで、ボローニャはこの人物によって統治されたのである。

そこで私は次のように結論したい。君主は、人民が彼に好意を寄せている時は謀反をさほど気にかけなくてもよいが、人民が彼を敵視し憎悪している時には、どんなことも、またどんな人物も恐れなくてはならない。そして、十分制度の整った諸国や賢明な君主たちは、貴族たちを絶望させないように、また人民を満足させて、彼らが満ち足りた暮らしをおくれるように、念には念を入れて心をくだいてきた。なぜなら、これは君主にとって最も重要な問題の一つだからである。

現代において、十分制度が整えられよく統治されている王国のなかに、フランスの王国がある。そこには、王の自由と安全の拠り所となる、無数の良き制度が見出される。そのなかで第一のものは高等法院(5)とその権威である。なぜなら、この王国の制度

(3)一四四五年六月二四日、カンネスキ家の当主バッティスタはフィリッポ・マリーア・ヴィスコンティと謀り、手勢を率いてアンニーバレ・ベンティヴォリオ(マキャヴェッリはベンティヴォリと表記している)(アンニーバレ一世)を襲い殺害した。ところがボローニャの人民が立ち上がりバッティスタとその一味の者を殺害し、他の者たちを追放した。

(4)サンティ・ベンティヴォリオ。一四四五〜一四六二年、ボローニャを統治した。

(5)革命以前のフランスの最高司法機関。一三世紀にルイ九世によって創設され、一四世紀以降制度として完成された。

を整えた者は、有力者たちの野望と彼らの横暴さを認識しており、彼らをただすための轡《くつわ》が必要だと判断したが――また、その一方で、大多数の人民が貴族に対して抱く憎悪は恐れによるものであることを認識し、彼らを保護しようと考えたが――、これを国王だけの関心事とすることを望まなかったからである。つまり、それは、人民に目をかけることによって貴族と対立し、また、貴族に目をかけることによって人民と対立するその責任を、国王から取り除くためであった。そこで第三者の法院を創設したのである。この機関は、国王が責任を負うことなしに力のある者を罰し、弱小な人びとに目をかけるものであった。この制度ほど優れた、また、賢明な制度はありえず、国王と王国の安全にとって、これ以上よい根拠となりうるものもなかった。ここからもう一つの注目すべき事実が引き出される。それは、君主は憎悪を生み出すような責任を負わねばならない事柄は他の者たちに押しつけ、感謝されるような事柄は自分で引き受けなければならない、ということである。そこで、改めて、私は次のように結論づけよう。君主は貴族たちを重んじるべきだが、人民から憎悪されるようになってはならない、と。

ひょっとすると多くの人びとが、ローマ皇帝の何人かの生と死を考察して、それらの例は私の意見に反しているのではないかと思うかもしれない。というのは、つねに優れた生き方をし、偉大な精神の力を発揮したにもかかわらず、支配権を失ったり、謀反を起こした臣下たちに殺害された皇帝たちがいたからである。こうした反論に答えるために、何人かの皇帝たちの資質を論じて、彼らの破滅の原因が、私が今あげたものと食い違っていないことを示しておきたい。それとともに、その当時の人びとの行動を理解しようとする者にとって注目すべき事柄を考察することにしよう。哲人皇帝マルクスからマクシミヌスにいたるまで、帝位についたすべての皇帝を取り上げれば十分だろうと思う。それらの皇帝とは、マルクス、その息子のコンモドゥス、ペルティナックス、ユリアヌス、セウェルス、その息子のアントニヌス・カラカッラ、マクリヌス、ヘリオガバルス、アレクサンデル、マクシミヌスである。そこでまず次の点に注意すべきである。それは、他の君主政体にあっては、貴族の野望と人民の横暴さと争うだけでよかったのに対し、ローマの皇帝たちは、第三の難題、すなわち、兵士たちの残忍さと貪欲さという問題を抱えていた、ということである。それは大変な難題であったので、多くの皇帝たちの破滅の原因となった。それというのも、兵士と人民をともに満足させるのは困難なことだったからである。なぜなら、人民は平穏であることを望み、そのために温厚な君主を歓迎したのに対し、兵士のほうは好戦的で、残忍で、横暴で、強欲な君主を愛したからである。そして、自分たちの俸給を倍増し、自分たちの貪欲さと残忍さが十分発揮できるように、人民を犠牲にして君主がそういう行為を実践することを望んだのである。このために、資質や業績において、人民も兵士も抑制できるような名声を獲得できなかった皇帝たちは、つねに破滅したのである。そして、彼らの大部分は、とりわけ私人の身分から帝位へとのぼりつめた皇帝は、この二つの異なる性向がはらんでいる困難を理解すると、人民に危害を加えることなどほとんど気にかけることなく、兵士たちを満足させようとした。このような決断は必然的であった。なぜなら、君主は誰からも憎悪されずにいることはできないのだから、何よりもまず人民全体から憎悪されないように努めなければならないが、それができない場合には、何としてでもより有力な集団の憎悪を避けなければならないからである。そして、新たに帝位についた皇帝たちは特に強力な支持を必要としたので、人民よりも兵士の側に加担したのである。それにもかかわらず、これが皇帝たちに役立ったかどうかは、くだんの皇帝が兵士たちの間で名声を維持できたかどうかにかかっていた。

以上述べたこれらの原因から、マルクス、ペルティナックス、アレクサンデルは、すべて謙虚な生活をおくり、正義を愛し、残虐を敵視し、温和だったのに、マルクスを除いて悲惨な最期を迎えることとなったのである。マルクスだけがこの上ない栄光に包まれて世を去ったが、それは彼が相続権によって帝位を継承したからであり、兵士にも人民にも何も負うところがなかったからである。その上、尊敬されるべき多くの力量を身につけていたので、彼が生きている間はどちらの側もつねにそれぞれの境界内に押し込め、決して憎悪も軽蔑もされなかったからである。だが、兵士たちの望むところに逆らって皇帝にされたペルティナックスは――兵士たちはコンモドゥスのもとでやりたい放題に生活することに慣れていたので、ペルティナックスが彼らにさせようとしたまっとうな生活に耐えられなかったのである――兵士たちの憎悪を生み、老齢であるがゆえの軽蔑がこの憎悪につけ加わり、帝位についてほどなくして滅んでしまった。ここで注意すべきは、憎悪は悪行のみならず善行によってももたらされる、ということである。それゆえ、私が先に述べたように、君主がその地位を保持しようとすれば、しばしば善良でないことを強いられるのである。なぜなら、君主の地位を守るために味方として獲得する必要があると君が判断した、人民なり、兵士なり、貴族なりの集団が腐敗している場合には、彼らを満足させるために彼らの欲求に従わざるをえないからである。そして、その時には君にとって善行があだとなる。

だがアレクサンデルに話を移そう。アレクサンデルは大変善良な人物であったが、彼に寄せられた称賛のなかに、とりわけ次のようなものがあった。それは、彼が帝位についていた十四年のうちに、裁判ぬきで彼に殺害された者が一人もいなかったというものである。しかしながら、彼は軟弱で母親の言いなりになって統治しているとみなされ、このために軽蔑され、軍隊が謀反を起こし彼を殺害してしまったのである。

さて、次に、アレクサンデルとは正反対の、コンモドゥス、セウェルス、アントニヌス・カラカッラ、マクシミヌスの資質を論じるとすれば、彼らはきわめて残忍でこの上なく強欲であったことがわかるはずである。彼らは、兵士たちを満足させるために、人民に対して犯しうるどんな性質の不正も控えようとはしなかった。そして、セウェルスを除き、彼らはみな悲惨な最期をとげた。なぜなら、セウェルスは大変な力量の持ち主であったので、人民に重圧を加えていたにもかかわらず、兵士たちを味方につけて、つねに難なく統治することができたからである。それというのも、彼の力量は兵士たちや人民の目に彼をまことに称賛に値する人物に思わせたので、人民は茫然自失してしまい、兵士たちは彼を敬い満足したからである。そして、この人物の行動は新しい君主としては偉大であり注目すべきものだったので、私は、簡単に、彼がどれほど巧みにライオンと狐の性質を使い分けたかを示すことにしたい。先にも述べたように、これらの性質は君主が必ず模倣すべきものなのである。

セウェルスはユリアヌス帝の怠惰な性格を知ると、親衛隊の兵士たちに殺害されたペルティナックスのかたきをうつためにローマへ進軍すべきだと、自分が指揮官をつとめていたスティアヴォニア[6]駐屯軍を説きつけた。これを口実にして、帝位を狙っていることなどおくびにも出さず、ローマへ向けて軍を出動させ、しかも出撃が知られる前にイタリアに入っていたのである。ローマに到着するや否や、彼は恐れおののいた元老院によって皇帝に選ばれ、ユリアヌスを殺害した。この最初の仕事を片づけた後も、帝国全体にわたる支配権を手にしようと望んでいたセウェルスには、二つの難題が待ち受けていた。その一つはアジアにあった。そこではアジア駐屯軍の指揮官ニゲルが皇帝として迎えられていた。もう一つは西方にあり、そこにはアルビヌスがい

（6）アドリア海東岸スラヴォニア。

て、やはり帝位をうかがっていた。セウェルスは二人を同時に敵にまわすのは危険だと判断したので、ニゲルには攻撃を加えアルビヌスのほうはたぶらかすことにした。そこでアルビヌスに書簡を送り、自分は元老院によって皇帝に選ばれたが、この権威をアルビヌスと分かち合いたいと思っている、そこでアルビヌスにカエサルの称号を贈り、元老院の決定により二人は同輩になったのだと告げたのであった。アルビヌスはこれを本当のことだと受け止めた。ところがニゲルに勝利して彼を殺害し、東方を平定してローマに戻るや否や、アルビヌスが彼から受けた恩義に少しも感謝せず、自分を裏切って殺そうとしているので、アルビヌスの忘恩を懲らしめにいかなくてはならない、と元老院に訴えた。それから彼はフランスへとおもむき、アルビヌスから地位と命を奪ったのである。この人物の行動を詳しく検討する者は、彼がきわめて獰猛なライオンであり、また同時にこの上なくずるがしこい狐でもあったことを見出すであろうし、誰からも恐れられ、かつ敬われていたこと、そして軍隊から憎悪されていなかったことがわかるであろう。また、彼が新たに帝位についた人物であるにもかかわらず、あれほどまでの権力を保持することができたとしても、誰も驚きはしないであろう。なぜなら、彼の絶大な名声が、人民が彼の略奪に対して抱くはずの憎悪からつねに彼を守ったからである。

さて、セウェルスの息子のアントニヌスだが、彼もまたきわめてすぐれたところのある人間だったので、人民の目には称賛に値する人物に映り、兵士たちにはありがたがられた。なぜなら、彼は軍人にふさわしい人物であり、どんな労苦にもよく耐え、どんな美食も、その他のどんな贅沢も軽蔑していたからである。そのために彼は全軍から愛されることとなった。しかしながら、彼の獰猛《どうもう》さと残忍さはあまりに途方もないものであり、個々の人間を無数に殺害した後、ローマの人民の大部分とアレクサンドリアの人民のすべてを殺してしまったので、彼の取り巻きたちからも恐れられるようになってしまった。こうして、彼は、自分が率いる軍隊の真っただ中で、百人隊長の一人に殺されてしまった。この点について注意すべきことは、頑《かたく》なな心の持ち主の決断によってとり行なわれるこのような殺害を、君主は避けることができない、ということである。なぜなら、死ぬことなど何とも思わぬ者なら、誰でも君主に危害を加えることができるからである。だが、君主はさほど恐れなくてよい。そういうことはめったにないからである。自分に仕えている者たちや、自分の政権に服務する側近たちに大きな危害を加えないことだけを注意しなくてはならない。それはアントニヌスがやったことであった。彼はある百人隊長の兄弟を侮辱したうえで殺害し、この百人隊長を日々脅しつけていたにもかかわらず、この隊長を自分の身辺警護にあたらせていたのである。それは軽はずみな方針であり、実際に生じたように、彼の身の破滅をもたらすことになった。

さて、次に、コンモドゥスに話を移すことにしよう。彼はマルクスの息子だったので、相続権によって手に入れた帝権を保持するのはきわめてたやすいことであった。父の足跡をたどるだけで十分であり、兵士たちも人民もそれで満足したはずである。だが、彼は残忍で、身の毛のよだつような心の持ち主であったので、人民に対して自分の強欲さを発揮するために、軍隊の歓心を買い、兵士たちにやりたい放題を許すことになった。その一方で、皇帝としての地位を配慮せずに、しばしば闘技場へ降りて行って剣闘士と戦ったり、その他のきわめて卑しい、ほとんど皇帝の威厳に値しないようなことをしたので、兵士たちの目に蔑むべき者として映るようになってしまったのである。こうして、一方では憎悪され、他方では軽蔑されて、彼に対する謀反が企てられて殺害されたのであった。

マクシミヌスの資質について語ることが残されている。この人物はきわめて好戦的ていた軍隊は、アレクサンデルを殺すとマクシミヌスを皇帝に選んだ。だがマクシミヌスは長く帝位を保つことはできなかった。二つのことが彼に対する憎悪と軽蔑を招いたからである。一つは、彼はきわめて卑しい身分の出で、かつてトラキアで羊番をしていたということである。そのことはあまねく知れ渡っていたので、彼は誰からも蔑まれることになった。もう一つは、彼の帝位が開始されたというのに、すぐにローマにおもむいて皇帝の座につかなかったために、その間にローマや帝国のいたるところで自分の提督たちにきわめて残虐な行為を働かせることになり、そのために残忍きわまりないという評判を身に受けることになったことである。かくして、彼の卑しい血への憤りと、彼の残忍さへの恐れから生まれた憎悪によって全世界がつき動かされ、まず初めにアフリカが反乱を起こし、次いで元老院が、ローマの全人民と全イタリアとともに、彼に対して謀反を起こした。これには皇帝直属の軍隊も加わった。この軍隊はアクィレイアを包囲していたのだが攻略に手間取っており、皇帝の残忍さにうんざりしていて、皇帝が多くの敵を抱えているのを見るや皇帝を恐れることもなくなり、皇帝を殺害してしまったのである。

全く軽蔑されていたために直ちに抹殺されてしまったヘリオガバルスも、マクリヌスも、ユリアヌスも、私は論じようとは思わない。その代わりにこの論議の結論に進むことにしよう。現代の君主たちは、その統治において、兵士たちを常軌を逸するほど満足させるといった、このような困難はそれほど抱え込んでいない、と私は言いたい。なぜなら、兵士たちになにがしかの配慮はしなければならないにしても、そのような困難はすぐに解消するからである。それというのも、現代の君主たちは、ローマ帝国の軍隊がそうであったように、属州の統治や行政と深く一体化した軍隊など誰も持っていないからである。それゆえ、ローマ時代は兵士が人民よりも力があったので、人民よりも兵士のほうを満足させる必要があったとしても、今日では、トルコとスルタン(7)を除いて、すべての君主にとって必要なのは兵士よりも人民のほうを満足させることである。なぜなら、人民のほうが兵士よりも重要だからである。私は今トルコを除外したが、それは、トルコの王はつねに一万二千の歩兵と一万五千の騎兵を身の回りに結集させ、それらの兵士たちに王国の安泰と勢力が依拠しているからである。そのために、トルコの支配者は、ほかのことはすべて後回しにしても、兵士たちとの友好を保つ必要があるのである。これと同じように、スルタンの王国もすべてが兵士たちの手に握られているので、やはり人民を顧みずに兵士たちとの友好を保たざるをえないのである。そして、諸君は、このスルタンの王国が他のすべての君主政体とは異なっていることに注意しなければならない。なぜなら、それはキリスト教の教皇国家に似ていて、世襲の君主政体とも新しい君主政体とも呼ぶことができないからである。というのは、古い君主の息子たちが支配者の後を継いでその地位を保持するのではなく、支配者の地位につく者は選出権限を持っている者たちによって選ばれるからである。この制度は古くからあるものなので、新しい君主政体と呼ぶことはできない。そこには新しい君主政体に存在するあの困難はまったく存在しないからである。なぜなら、たとえ君主が新しくても、あの国の諸制度は古くからのものであり、あたかも世襲の支配者のごとくに受け入れられるよう、制度が整えられているからである。

だが我々の論題に戻ることにしよう。私は、今までの議論を考察する者は誰でも、憎悪や軽蔑が、先に名をあげた皇帝たちの破滅の原因だったことがわかるであろう、

(7) エジプトのスルタン（アラビア語で「支配者の地位」を意味し、特定地域の独立君主の称号に使用される）をさす。

と言いたい。そしてまた、彼らのある者が一つのやり方で行動し、またある者はそれとは反対のやり方で行動したのに、そのどちらのやり方で行動した者たちにおいても、それぞれ幸せな最期を迎えたのは一人であり、その他の者たちが不幸な最期を迎えたのはなぜなのかがわかるであろう。なぜなら、ペルティナックスとアレクサンデルは新しい君主だったので、相続権によって帝位についたマルクスを模倣しようとするのは無益で有害だったからであり、同様に、カラカッラ、コンモドゥス、マクシミヌスにとって、セウェルスを模倣することは致命的であった。彼らはセウェルスの足跡をたどるに十分な力量を持っていなかったからである。それゆえ、新しい君主政体における新しい君主はマルクスの行動を模倣することはできないし、セウェルスの行動をたどる必要もまったくない。そうするのではなくて、セウェルスからは国家の基盤を据えるのに必要な部分を取り入れ、マルクスからは、すでに確立され堅固なものとなった国家を保持するのに適した、輝かしい部分を取り入れなければならない。

第二〇章　君主たちが日々国家を維持するために行なっている砦の構築その他の事柄は有益か否か

ある君主は国家を確実に維持するために臣民たちを武装解除した。またある君主は従属させた都市を分裂させておいた。挑発して自分自身に対する敵意をかきたてた君主もいたし、自分の政権発足時に自分に不信感を抱く者たちを味方に引き込む君主もいた。さらにまた、砦を築いた君主もいるし、砦を破壊して消滅させた君主もいる。似かよった決定を下さなければならなかったそれぞれの国家の特殊事情を検討することなしに、これらの事柄に関して明確な判断を下すことはできないとはいえ、私は、この主題そのものが許す範囲内において、総括的に語ることにしよう。

ところで、新しい君主で臣民の武装解除をした者は一人もいなかった。それどころか、臣民が武装していないのを見つけると、彼はつねに彼らを武装させた。なぜなら、彼らを武装させれば、それらの軍備は君のものとなり、君を疑わしく思っていた者たちは君に忠実となり、もともと忠実だった者は引き続きその忠誠を確保することができ、彼らはみなただの臣民から君の支持者にかわるからである。また、すべての臣民を武装させることはできないから、君が武装させた者に恩恵を施すならば、他の者たちに対してはさほど大きな危険をともなわずに対処することができる。そして、君が武装させた者たちはこの処遇の違いを知って君に恩義を感じることになり、それ以外の者たちは君の行為を正しいものとして許してしまう。それというのも、より一層の危険と義務を引き受ける者がより大きな報酬を受け取るのは当然だと判断するからである。だが、君が臣民を武装解除するなら、君は彼らを傷つけることになる。臆病であるとかあまり信用できないという理由で、彼らに対して不信の念を抱いていることを示すことになるからである。どちらにしても、彼らは君に対して憎悪を抱くことになる。さらに、君は丸腰でいるわけにはいかないから、傭兵軍に助けを求めざるをえない。傭兵軍というのは先に述べたような性質を持っているから、たとえ優れたものであっても、強力な外敵や疑わしい臣民から君を守るほどの力はありえない。それゆえ、私が述べてきたように、新しい君主政体で権力の座についた新しい君主は、つねに軍備を整えてきたのである。その実例は歴史に満ち溢れている。だが君主が新しい国を獲得して、それを古くからの君の領土に手足としてつけ加えた場合、その時には、その国を獲得するにあたり君の支持者になった者たちを除いて、その国を武装解除する必要がある。さらに、君の支持者となった者たちも、時の経過とともに機会あるごとに骨抜きにし、弱体化させ、君の国全体の軍備が、古くからの君の領土で君の間近で暮らしていた君に直属の兵士たちの手に握られるように、制度を整えることが必要である。

我々［フィレンツェ人］の祖先たち、賢人とあがめられた人びとは、ピストイア[1]は派閥抗争によって、ピサは砦によって支配する必要があると言うのがつねであった。これを根拠に、屈服させた都市のいくつかで、それらをより容易に支配するために、内部分裂を助長したのであった。イタリアがある程度均衡を保っていた時代にはこのやり方はうまくいっていたかもしれないが、今日では規範になりえないと私は思う。なぜなら、私は、分裂政策が何かよい結果をもたらすとはいささかも信じていないからである。それどころか、外敵が近づいてきたときに、分裂させられた都市があっという間に失われてしまうのは必然である。なぜなら、弱いほうの側はつねに外国勢力に与し、もう一方の側はこれに対抗することができないだろうからである。

私が思うに、ヴェネツィア人はいま述べた理由につき動かされて、彼らに屈服した都市のなかに教皇派と皇帝派という二つの派閥を育成した。流血事態にいたるまで放置することはなかったとはいえ、彼らの間にこうして不和を育み、それらの都市の市民たちが自分たちのあいだに生まれた不和に心を奪われ、ヴェネツィア人に対して団結しないようにしたのである。すでに知られているように、これはヴェネツィア人の思惑どおりの結果をもたらさなかった。なぜなら、ヴェネツィア軍がヴァイラの戦いで敗北するや、直ちに一部の都市は勇気を奮い起こし、ヴェネツィア人から領土を奪い返したからである(2)。それゆえ、このようなやり方は、暗に君主の弱みを示すものなのである。なぜなら、強力な君主政体にあっては、このような内部分裂の政策が入り込む余地はないだろうからである。それというのも、そのような政策が利益をもたら

(1)「ピストイアは派閥抗争によって、ピサは砦によって支配する」とは、当時のフィレンツェの政治家たちの間で大いに流布した箴言だったという。

(2) ヴァイラの戦いの後、ブレッシャ、ヴェローナ、パドヴァがヴェネツィア支配に対する反乱を起こした。

すのは平和時においてのみだからである。平和時にはそのような政策で臣民をより容易に操ることができるが、戦争が始まると、そうしたやり方はその欺瞞性をあらわにするからである。

君主たちは、困難や自分たちに向けられた敵対行為を乗り越えた時に、疑いなく偉大になるのである。それゆえ、運をつかさどる女神は、世襲の君主よりも名声を獲得する必要性がはるかに大きい新しい君主を偉大にしようと望む時にはとくに、彼に対して敵を作り出し、彼に敵対するようにしむけるのである。それというのも、この新しい君主がそれらの敵対行為を乗り越えて、敵たちが彼に差し出した梯子《はしご》をつたってさらに高いところへとのぼらせるためなのである。それゆえ、多くの人びとが、賢明な君主は機会があれば狡猾な手段を用いて何らかの敵対行為を育み、これを押しつぶし、それに続けて、より一層自らの偉大さが大きくなるようにしなければならないと判断したのである。

君主たち、とりわけ新しい君主たちは、彼らの君主政体が発足した時に疑わしく思われた人びとのほうが、発足当初から信頼していた人びとよりも信頼でき役に立つことを見出してきた。シエーナの君主パンドルフォ・ペトルッチ(3)は、他の人びとよりも、むしろかつて自分に不信を抱いていた人びとともに国を治めた。だが、こういうことについては総括的に語ることはできない。というのは、それは事情によって異なるからである。ただ次のように言っておこう。それは、君主政体が発足した時に敵対していた人びとでも、保身のためにその君主政体を頼りにせざるをえないと考えるようになった者は、君主はきわめてたやすく味方に引き入れられるということである。しかも、彼らは、自分たちが抱いていた悪しき考えを実際の行為で打ち消す必要があるということを認識しているだけに、それだけ一層忠誠心をもって君主に仕えることを余儀なくされるのである。こうして君主は、あまりにも安心しきって君主に仕えることによって君主の利害をなおざりにしている者たちからよりも、はるかに大きな利益を彼らのほうから引き出すのである。

(3)　パンドルフォ・ペトルッチ（一四五〇〜一五一二）。義父ニッコロ・ボルゲーゼを殺害して一五〇〇年にシエーナの君主となった。彼は当時トスカーナで最も名の知られた人物の一人であった。チェーザレ・ボルジャに対してきわめて敵対的で、マジョーネの会合の首謀者であったため、一時チェーザレによってシエーナを追われたが、ルイ一二世の支援で二か月後にはシエーナに復帰した。

そしてこの主題が求めるところにより、私は、相手国の内部の支援者たちのおかげで新たに国を手に入れた君主に、それらの支援者たちがどういう理由で自分を支持することになったのかをよく考えることを、ぜひとも忘れないようにしてもらいたいと思う。そして、君主に対する自然の敬愛ではなく、彼らがもとの国に満足していなかったということだけがその理由であったのなら、彼らを味方にしておくのは大変な骨折りと困難をともなうことになるであろう。なぜなら、君主が彼らを満足させることは不可能だからである。そして古今の出来事から引き出された実例によってこの理由をよく考えてみるならば、もとの国に不満を抱いていたために新しい君主の味方となり、彼がその国を征服するのに力を貸した者たちよりも、もとの国に満足していたがために彼に敵対していた者たちを味方にするほうがはるかにたやすいことがわかるであろう。

君主たちは自分たちの国家をより安全に保持するために、砦を築くのが当たり前になっていたが、それは自分たちに対して謀反を企てる者たちへの手綱や轡とするためであり、また、外部から奇襲攻撃を受けた時に避難所とするためであった。ずっと昔から用いられてきたので、私としてもこのやり方には賛成である。それにもかかわらず、現代においては、ニッコロ・ヴィテッリ殿(4)が国家を保持するために、チッタ・ディ・カステッロの二つの砦を破壊したのを目にしている。また、ウルビーノ公グィード・ウバルド(5)は、チェーザレ・ボルジャによって追い払われた自分の領地に戻ってくるや否や、その地方のすべての砦を土台から破壊した。それというのも、砦がなければそう簡単にまた国家を失うことはないだろうと判断したからである。ベンティヴォリ一族もボローニャに戻ってくると同じ方策をとった(6)。したがって砦が役に立つかどうかは時代によるのである。一面では君にとって役に立つとしても、別の面

(4)ニッコロ・ヴィテッリは傭兵隊長で、メディチ家の支援でチッタ・ディ・カステッロの領主となったが、一四七四年、教皇シクストゥス四世によって領主の座を追われた。一四八二年、フィレンツェの支援で領主に復帰すると、教皇が築いた二つの砦を破壊した。

(5)グィード・ウバルドはフェデリーコ・ダ・モンテフェルトロの息子で一四八二年にウルビーノ公になったが、一五〇二年、チェーザレ・ボルジャによってウルビーノを追われた。その後一時公位に復帰したが、シニガリアの虐殺事件の後再び公位を追われ、アレクサンデル六世が死去した後になって最終的に公位に復帰すると、領内の砦をすべて破壊したと言われる。

(6)ジョヴァンニ・ベンティヴォリオの後継者たちは教皇ユリウス二世によってボローニャを追われたが、一五一一年、ボローニャに復帰すると、ユリウスが築いた砦を破壊した。

では君にとって害をなすのである。そこで、この点については、こう論じることができる。すなわち、外敵より人民のほうを恐れる君主は砦を築かなければならないが、人民よりも外敵のほうを恐れる君主は砦なしで済ませなければならない、と。フランチェスコ・スフォルツァがミラノに築いた城は、この国のどんな不備よりも多くの損害をスフォルツァ家にもたらしてきたし、今後ももたらすことであろう。それゆえ、最良の砦があるとすれば、それは人民から憎悪されないことである。なぜなら、たとえ君がいくつもの砦を持っていたとしても、人民が君を憎悪しているかぎり、砦は君を救いはしないからである。なぜなら、人民がひとたび武器をとるや、人民を救援に駆けつける国外勢力には事欠かないからである。現代においては、夫君のイェローニモ伯が殺害された時のフォルリ伯夫人(7)のほかは、砦が君主に役立った例は見当たらない。というのは、彼女は砦のおかげで人民の急襲を逃れることができ、ミラノからの救援を待ち、国家を取り戻すことができたからである。そして、その当時は、国外勢力が人民の支援に駆けつけることができるような状況にはなかったからである。だがその後チェーザレ・ボルジャから攻撃され、彼女に敵対する人民が外敵と手を結んだ時には、彼女にとっても砦はほとんど役に立たなかった。それゆえ、その当時も、またそれ以前も、彼女にとって、砦を持つよりも人民から憎悪されないことのほうがより安全だったであろう。したがって、これらのことをよく考えてみると、私としては、砦を築く者も砦を築かない者も、ともに称賛するとしよう。だが、誰であれ、砦を信頼するあまり、人民から憎悪されることをほとんど気にかけない者は非難するであろう。

(7) ミラノのガレアッツォ・マリーア・スフォルツァの娘、カテリーナ・スフォルツァ・リアーリオ（一四六三～一五〇九）。夫のジローラモ（イエローニモ）・リアーリオが陰謀によってフォルリで殺害された時（一四八八）、砦に立てこもってミラノからの援軍を待ち、領主権を取り戻した。

第二一章　尊敬され名声を得るために君主はいかにふるまうべきか

偉大な事業を行ない、自らをめったにない模範として示すこと以上に、君主を尊敬させるものはない。現代においては、我々には現在のスペイン王、アラゴンのフェッランド（フェルナンド）の例がある。この人物は新しい君主と呼んでさしつかえないであろう。なぜなら、名声と栄光をくぐり抜けて、弱小な一人の王からキリスト教徒の第一の王にまでなったからである。彼の行動を考察すれば、それがこの上なく偉大なものであり、そのいくつかは尋常ならざるものであったことがわかるであろう。彼は王位につくとすぐグラナダを攻撃し(1)、この事業が彼の国家の基礎となった。まず、彼は静かに事を進め、疑いを抱かれて邪魔されないようにした。カスティーリャの封建諸侯がこの攻撃に注意を奪われ、その戦争に気を取られるあまり、反乱のことなど頭をよぎることがないようにしたのである。そして、その間に彼は名声と封建諸侯への支配権を獲得したが、彼らはそれに気づかなかった。ローマ教会と人民の金で[2]軍隊を養うことができ、この長きにわたる戦争によって自分の軍備の基礎を形作ることができた。この軍備がのちに彼に栄光をもたらしたのである。これに加えて、さらに大きな事業に着手できるように、つねに宗教を利用し、敬虔な残虐行為に訴えて、自分の王国からマッラーニたち[3]を追い払い、略奪した。これ以上悲惨でまれな例はありえない。これとまったく同じ口実のもと、彼はアフリカを攻撃し、イタリアでの軍事作戦を展開し、ついにはフランスを攻撃するにいたった[4]。彼はこのようにつねに大きなことを企て成し遂げたのだが、それは臣民たちの心を騒がせ、驚嘆させ、ことの結果を待ちわびさせることになった。こうした彼の行動は次から次へと生み出されたため

（1）十年間にわたる戦闘の後、スペインにおけるムーア人（スペインに侵攻し王国を建設したイスラム教徒）の最後の拠点であったグラナダが陥落し、フェルディナンド（フェルナンド）によるスペインのレコンキスタ（キリスト教による国土回復）が成し遂げられた（一四九二年一月一二日）。

（2）ムーア人との戦いはイスラムに対するキリスト教の戦いであると考えられたために、教会とカトリック教徒によって支援されたのである。

（3）うわべだけカトリックに改宗したイスラム教徒やヘブライ人のこと。

に、それらの行動の合間に、冷静に彼に対抗する行動を起こす余裕を人びとに与えなかった。

さらに、一般の市民生活において、善かれ悪しかれ尋常ならざることを実行する機会が誰かに与えられた時には、内政の分野でめったにない実例を自ら示すことが——ミラノのベルナボー殿(5)について語られているように——君主にとっては大いに役に立つ。そしてその者を褒賞すべきか罰すべきかについては、世間で大いに話題となるようなやり方をとらなければならない。とくに君主は、どんな行動においても、自分が偉大な人間であり、たぐいまれな才能の持ち主であるという評判を身に受けるように努めなければならない。

また、君主が真の味方であり真の敵であるとき、すなわち、ためらうことなくある者に味方し、もう一方に敵対することを明らかにするとき、彼は尊敬される。そのような決断は、中立の立場をとることよりも、はるかに有益であろう。なぜなら、君の近隣の二人の有力者が戦いを始めた場合、戦いに勝利した者は君が恐れなければならないような者であるのか、それともそうでない者であるのかのどちらかだからである。この二つのうちどちらの場合であっても、立場をはっきりさせて公然と戦うほうが、君にとってつねに有利であろう。なぜなら、第一の場合には、君が立場をはっきりさせないと、君は必ず勝利者の餌食になり、同時に負けたほうはこれを喜び満足するだろうからである。そして君には自分を守る理由もなければ守るものもなく、君を受け入れて守ってくれる者もいない。なぜなら、勝利したほうは、逆境のなかで彼を助けなかった疑わしい味方など望みはしないし、敗北したほうは、君が武器を手にして彼と運命をともにしようとしなかったために、君を受け入れようとはしないからである。

アンティオコスは、アイトリア人に要請されて、ローマ人を追い払うためにギリシアに侵攻したが、その時アンティオコスはローマ人の味方であったアカイア人のもと

（4）アフリカの攻撃とは一五〇九年の北アフリカ沿岸の占領をさす。イタリアでの軍事作戦については第一章および第三章参照。フランスへの攻撃は一五一二年のことで、ナヴァール王国の領有をはかって、ピレネー山脈側からフランスを攻撃した。

（5）ベルナボー・ヴィスコンティ（一三二三～一三八五）。一三五四年から、一三八五年に甥のジャン・ガレアッツォに捕らえられ毒殺されるまでミラノの君主であった。残忍さと奇行によって名を成したが、政治的狡猾さや活力、行動の一貫性などでも称賛されていた。

へ使節を派遣し、中立を守るように勧告した。他方、ローマ人は、自分たちのために武器をとるように彼らを説得した。この問題はアカイア人の評議の場で審議の末決定されることになったが、その場でアンティオコスの使節は中立を守るように説き、これに対してローマの使節は次のように反論した。「戦争に加わるなという彼らの勧めほど諸君の利益を害するものはない。そのようにすると、諸君は尊厳も尊敬も失って、勝者の餌食になるであろう」と。味方でない者が君に中立を求め、君の味方の側が武器をとって立場をはっきりさせるように求めるということはつねに起こるであろう。そして、優柔不断な君主は、当面する危険を避けるために往々にして中立の道を選び、大方は破滅してしまうのである。

だが、君主が勇敢に一方の側に立つという姿勢を明らかにするなら、君が同盟した側が勝利すれば、たとえそれが有力者で君がその言いなりになるような状態に置かれることになったとしても、彼は君に対して恩義を感じ、そこに友情の絆が結ばれることになる。その上、人間というものは、忘恩の見本のごときふるまいによって君を押しつぶすほど不誠実ではない。さらに、勝利というものは、勝利者が何も配慮せずに、とくに、正義を配慮せずにいられるほど完璧だということは決してないのである。だが、君が同盟した側が敗北しても、君は彼に受け入れられて保護され、彼は可能なかぎり君を援助し、再び甦る可能性がある運をともにする仲間となることであろう。

第二の場合、つまり戦いあう者のうち勝利したほうに対して君が恐れを抱かなくてよい場合は、どちらの側に立つべきかより一層慎重でなければならない。なぜなら、賢明であれば救わねばならない両者のうち、一方を支援することによって、もう一方を破滅させることになるからである。そして君の支援を受けて勝利したほうは君の言いなりになり、また、君の支援を受ければ勝利しないことなどありえないからである。ここで注意すべきは、先にも述べたように、君主は、必要やむを得ない場合を除き、他者を攻撃するために自分よりも強力な者と決して手を結ぶことがないように気をつけなければならない、ということである。なぜなら、その場合は、勝利をおさめてもその者の虜になってしまうからである。そして、君主は、できるだけ他者の言いなりになることを避けなければならない。ヴェネツィア人はフランスと手を組んでミラノ公に対抗したが[(6)]、彼らはこのような同盟を結ぶことを避けることができたはずである。

（6）第三章注2参照。

結局、これがヴェネツィアを破滅へと導くこととなった。だが、このような同盟を避けることができない場合――教皇とスペインが軍を率いてロンバルディアの攻撃に向かった時のフィレンツェの場合のように(7)――、その時には、君主は先にあげた理由によって、同盟を結ばなければならない。どんな国家もつねに安全な方策を選ぶことができるなどと決して信じてはならない。それどころか、選ばねばならない方策はすべて疑わしいと考えるべきである。なぜなら、物事の当然のあり方として、一つの不都合を避けようとすると、必ずもう一つの不都合に陥ることになるからである。だが、慎重であるということは、不都合な事態の性質を見きわめ、良策として害悪の少ないものを選ぶことができることにある。

また、君主は力量を愛する者であることを示して、力量ある人びとに居場所を与え、一芸に秀でた者たちを称えなければならない。さらに、自分の市民たちが、商業であれ、農業であれ、その他どんな職業であれ、自分たちの仕事を安心して営むことができるように励まさなければならない。そして、取り上げられるのではないかという不安から、市民が財産をより良いものにするのをためらったり、重税怖さに、取引するのを抑えたりしないようにしなければならない。それどころか、そういうことをしようとする者や、何としてでも自分の都市や国家をより強大なものにしようと考えている者には、誰にでも褒賞を与えなければならない。これに加えて、一年の適当な時期に祭りや見世物興業を催して、人民がこれに心を奪われてしまうようにしなければならない。また、どんな都市も同業組合や地区に分けられているのだから、これらの集団を考慮して、ときおり彼らの会合に参加し、自らを人間味と度量の広さを備えた模範として示さなければならないが、それでいて、つねに、君主の品格の威厳をしっかりと保持していなければならない。

（7）フィレンツェは教皇ユリウス二世が唱導した神聖同盟（一五一一〜一五一二）に加わらず、また伝統的同盟国であるフランスの側に立つこともしなかった。このようなあいまいな政策をとった結果、フィレンツェ共和国は崩壊した。

第二二章　君主が側近に用いる秘書官について

君主にとって側近を選ぶことは少なからず重要であり、側近の良し悪しは君主の思慮深さにかかっている。したがって、君主の頭脳を推し量るのにまずなすべきことは、彼が身近に置いている人材を見ることである。彼らが有能で忠実であるならば、つねにその君主は賢明であると考えることができる。なぜなら、彼は側近たちの有能さを見抜くことができ、彼らを忠実にしておくことができているからである。だが、そうでない場合は、つねに、君主に対してよい判断を下すことはできない。なぜなら、そういう人選をしたというのは君主が犯した最初の過ちだからである。

アントニオ・ダ・ヴェナーフロ殿(1)をシエーナの君主パンドルフォ・ペトルッチの側近として知っている者は誰もが、この人物を側近にしているのだからパンドルフォはきわめて有能な君主だろうと判断した。なぜなら、頭脳には三種類ある——一つは自分の力で理解するもの、もう一つは他人が理解したことを聞き分けるもの、そして三つ目は自分の力で理解することも他人が理解したことを聞き分けることもしないものである——一番目の者はとびぬけて優れており、二番目も優れているが、三番目は役立たずで、が、パンドルフォは一番目の種類には入らないとしても、二番目の種類には必ず入るはずだからである。なぜなら、たとえ自分自身の想像力を身につけていないとしても、ある人の言動の善悪を見分けるのに必要な判断を手にするたびに、側近の行ないの善悪を見分け、善行はこれを称え、悪行はこれを懲らしめることになるからである。そして側近のほうでは君主をたぶらかそうなどと望むことはできなくなり、いつも善良でいなくてはならないからである。

だが、君主がどのようにすれば側近を見分けられるかについては次のようなやり方があり、しかもそれは決して間違うことはない。すなわち、側近が君のことよりも自

(1) アントニオ・ジョルダーニ・ダ・ヴェナーフロ（一四五九〜一五三〇）。シエーナの大学《ストゥーディオ》の法律学教授、次いで裁判官を経てパンドルフォ・ペトルッチ（第二〇章注3参照）の補佐官となる。一五〇二年、マジョーネにおける反ヴァレンティーノ会合にはペトルッチの代理として出席している。

分のことのほうを考えているのがわかった時には、また、側近がすべての行動において自分の利益を追求しているのがわかった時には、そういうことをするこの者は決して良い側近ではないだろうし、君は決して彼のことを信頼すべきではないだろう、ということである。なぜなら、ある人の国家をゆだねられている者は、決して自分のことを考えてはならず、つねに君主のことを考えなくてはならないからであり、君主に属していない事柄が頭をよぎるようなことなど決してあってはならないからである。

他方、君主のほうでは、側近を善良に保つために、側近のことを思い、側近に敬意を表し、側近を豊かにし、君主への恩義を感じさせ、名誉と責任を分け与えなければならない。それは、側近に自分は君主なしではありえないということをわからせるためであり、多大な名誉はそれ以上の名誉を求めさせないためであり、多大な富はそれ以上の富を望まないようにするためであり、多大な責任は政変を恐れるようにするためである。したがって、側近たちが、そして側近の取り扱いについて君主たちが、以上のようになった時に、彼らは互いに信頼しあうことができるのである。そうでない時には、つねに、どちらにとっても結果は有害であろう。

第二三章　こびへつらう者をどのようにして避けるべきか

ここで私は一つの重要な問題、つまり、君主がきわめて思慮深いか、あるいは賢い人選をしないかぎり、そこから身を守るのが難しい誤りについて触れずにすませたくはない。それはこびへつらう者のことであるが、宮廷はこうした連中に満ち溢れている。なぜなら、人間は自分自身のこととなると自らを満足させようとするあまり、簡単にたぶらかされて、このこびへつらう者という疫病から身を守るのは困難だからである。そして身を守ろうとすると、軽蔑を招くという危険をおかすことになる。なぜなら、君に本当のことを言っても君の機嫌を損ねることはないということを人びとが理解する以外、こびへつらいから身を守る方法はないからである。だが、誰もが君に本当のことを言えるならば、君は尊敬されなくなるのである。したがって、思慮深い君主は第三の方法を選ばなければならない。賢い人びとを選んで政府に招集し、この選ばれた者たちだけに本当のことを語る自由な機会を与えるのである。しかも、自分が彼らに尋ねた事柄についてだけ語らせ、その他のことについては語らせないようにして——とはいえ、彼らにはどんなことでも尋ねなくてはならない——彼らの意見を聞かなければならない。その後で、自分なりのやり方で、自分だけで決断を下さなければならない。そして、これらの助言を受け入れるにあたっては、各人が自由に本当のことを語れば語るほど、それだけ一層彼らの助言が受け入れられるのだということを、彼らの一人ひとりに対してわからせるようにふるまわなければならない。彼らを除いては、誰の言うことも聞こうとしてはならず、決断した事柄を推し進め、自分の決断にこだわり続けなければならない。これとは違うやり方をする者は、こびへつらう者どもによって破滅することになるか、さもなくば、様々な意見が出てくるたびに変節を繰り返すことになるかであり、そのために自分に対する評価を低下させることになるのである。

このことに関して近年の例を一つあげておきたい。現皇帝マクシミリアン(1)の家臣

(1) マクシミリアン一世（一四五九～一五一九）。ハプスブルク家の神聖ローマ皇帝。

ルーカ司祭(2)は、皇帝陛下について語って曰く、皇帝は誰とも相談せず、それでいてどんなことも自分のやり方で行なったことはない、と。これは先に述べたことと反対の行動をとった結果である。なぜなら、皇帝は何事も秘密にする人間であり、自分の計画を誰にも伝えず、誰の意見も聞かなかったからである。だが、計画を実行に移そうとするや否や、それは知れ渡ることとなり、周囲の人びとから反論が出始めると、彼は優柔不断であるから考えを変えてしまうのである。ここから、ある日始めたことを次の日には台無しにし、彼が何を望んでいるのか、どういう計画を実行しようとしていたのかがまったく理解してもらえず、皇帝の決断は信用できない、ということになってしまったのである。

それゆえ、君主はつねに助言を求めなければならないが、それは自分が望む時にであって、他人が望む時にではない。それどころか、自分が尋ねないかぎり、何事かについて君主に助言しようなどという気持を、誰からも取り除かなくてはならない。だが、君主はどんなことも尋ねる質問者でなければならない。さらに、尋ねた事柄については、忍耐強い真実の聞き手でなければならない。それどころか、誰かが、何者かをおもんばかって自分に本当のことを言っていないことに気づいた時には、怒らなくてはならない。そして、思慮深いという評判を得ている君主は、その君主の生来の資質ゆえにそのように受け取られているのではなく、君主が側近としている良き助言者たちのおかげでそのように受け取られているのだ、などと評価している多くの人びとは、疑いなく誤っているのである。なぜなら、次に述べることは、決して誤ることのない一般原則だからである。すなわち、本人自身が賢くない君主は、たまたま、きわめて思慮深いただ一人の人物に、何から何まで政務をまかせきっている場合のほかは、よき助言を受け入れることなどできない、というのがそれである。そういう場合にはよき助言を受け入れることができるかもしれないが、それも長続きしないであろう。なぜなら、そのような政務担当者は、ほどなく国家を奪い取ってしまうだろうからである。そうかといって、複数の人間に助言を求めると、賢くない君主は一つにまとまった助言を得ることはできず、自分で彼らの助言を一つにまとめることもできないであろう。助言者たちはそれぞれ自分の利害を考えるであろうが、君主は彼らの考えていることをただすことも知ることもできないであろう。そして助言者たちのほうも

（2）ルーカ・リナルディ。トリエステの司教で、しばしば皇帝マクシミリアンの大使を務めた。

それ以外にどうしようもないのである。なぜなら、人間は必要に迫られてやむをえず善良になる以外は、君主にとってつねに悪意ある者となるだろうからである。したがって、結論は次のようになる。よき助言は、誰からもたらされるものであっても、必ず君主の思慮深さから生まれるのであり、君主の思慮深さがよき助言から生まれるわけではない、と。

第二四章　イタリアの君主たちはなぜ自分たちの国を失ったのか

これまで述べてきたことを思慮深く守るならば、新しい君主は古くからの君主と同じように見え、彼の地位は、たちまちにして、昔から住みついていた国におけるよりも安泰で堅固なものとなる。なぜなら、新しい君主は、世襲の君主よりも、はるかにその行動が注目されるからであり、行動が力量あるものと知られると、古い血筋の君主よりもはるかに多くの人びとをひきつけ、彼らはより一層彼に結びつけられるからである。なぜなら、人間は、過去の出来事よりも、現在の出来事により一層とらわれるものだからである。そして現在の状況に幸福を見出す時にはそれを享受し、ほかのことを求めたりはしないのである。それどころか、この君主がそのほかの事柄において自らの任務を怠らなければ、何としてでも君主を守るであろう。そして、新しい君主が新しい君主政体の建設に着手し、良き法律とすぐれた軍備と立派な模範によって国家を飾り、強化すれば、彼は二重の栄光を手にすることになるであろう。反対に、君主に生まれながらわずかな思慮深さしか持たなかったために国を失った者は、恥辱を倍加することになる。

そして、ナポリ王(1)やミラノ公(2)その他のように、イタリアにおいて国を失った支配者たちを考察してみると、これまでに長々と論じてきたその諸原因のなかで、第一に軍備にかかわる共通の欠陥が見出されるであろう。そして、次に、彼らのある者は人民を敵にし、またある者は、人民を味方にしたとしても、貴族たちから身を守ることができなかったということがわかるであろう。なぜなら、こうした欠陥がなければ、戦場に軍隊を送り込むことができるほど強固な力をもった国を失うことなどないはずだからである。マケドニアのフィリッポス(3)は、といってもアレクサンドロスの父親のほうではなくて、ティトゥス・クィントゥスに敗れたほうだが、攻撃してきたローマ人

(1) アラゴン家のフェデリーコのこと。フランスとスペインの同盟軍によって王位を追われた。
(2) ルドヴィーコ・イル・モーロのこと。第三章注2参照。
(3) フィリッポス五世。前一九七年ローマ軍に敗れ、マケドニアは確保したものの、多くのギリシア都市を失った。

やギリシアの大きさに比べると、それほど大きな国を持っていたわけではない。それにもかかわらず、軍人の気質を備え、人民を味方にし、貴族から身を守るすべを身につけていたために、何年にもわたって敵軍の攻撃を持ちこたえた。そして、最後にはいくつかの都市の支配権を失いはしたものの、王国は保持したのであった。

それゆえ、長年にわたって権力の座にあったわがイタリアの君主たちが、その後国を失ったからといって、運命をとがめてはならない。とがめるべきはこれら君主たちの怠惰である。なぜなら、平穏な時代にはそれが変化することなど決して考えなかったので――それは人間に共通する欠陥であり、凪《なぎ》の日には嵐のことなど気にかけないのである――逆境が到来すると、それに対して身を守るのではなく、逃げ出すことを考えたのであり、人民が戦勝者の横暴さにうんざりして、自分を呼び戻してくれることを期待していたのだからである。そのような決断は、ほかに方策がない場合にはやむをえないとしても、この方策のためにそれ以外の諸方策を投げ捨てるのはまったくよくないことである。なぜなら、君を助け起こしてくれる者が見つかるだろうと信じて倒れるようなことは、決してしてはならないからである。そういうことは起こらないか、起こったとしても、君の安全のためにはならない。というのも、そのような防衛策は卑怯なものであり、自らの力に依拠したものではないからである。自分自身に、そして自分の力量に依拠した防衛策だけが、立派で、確実で、長続きするのである。

第二五章　運命は人の世の事柄にどれだけの影響力を持っているのか、またどのようにして運命に抵抗すべきか

この世の事柄は運命や神によって統御されているので、人間の思慮を働かせて成り行きを変えることはできず、それどころか、これに対しては何の方策もないのだから、世の中の事柄に大いに骨を折るなどということをせずに、運命のなすがままにまかせておくのがよいと判断できるだろうという意見を、多くの人が抱いてきたし、現在なお抱いているということを、私は知らないわけではない。現代にあって、人間の予測を超えたこの世の物事の大激変が日々見られたし、また今も見られることから、このような意見はますます信じられるようになっている。このことを考えると、私も、ときには、ある点で彼らの意見に傾きかけた。しかしながら、我々の自由意志が消滅しないように、運命の女神が我々の行動の半分の支配者であるというのは真実だとして

も、残りの半分、あるいは、半分近くの支配は我々にまかせているということもまた真実であろう、と私は判断するものである。そして、運命の女神を、災害をもたらす河川の一つになぞらえることにしよう。このような河川は、怒り出すと、平野を水浸しにし、木々や建物を打ち壊し、こちら側の土地を削りあちら側へと持っていく。暴れ狂う河川を前にして誰もが逃げまどい、どこも防御のほどこしようがなく、誰もが河川の勢いに屈服してしまう。河川がそういうふうであったとしても、だからといって、人間が、平穏な時に堤防や土手を築いて対策を講じることができない、ということにはならない。水かさが増してきたら、運河に流れ込むようにするとか、水流の勢いがあまりにも壊滅的な被害を与えないようにすることはできるであろう。同じことは運命にも生じるのである。運命は、力量がそれに対してあらかじめ抵抗できるようになっていないところで、その威力を発揮するのである。そこに、つまり、運命の威力を抑え込むために、土手も堤防も築かれていないということがわかっているところに、襲いかかるのである。そして、諸君がこのような激変の舞台であるイタリアを、また、それらに最初の衝撃を与えた事柄をよく考えてみるならば、イタリアが土手もなければただ一つの堤防もない原野であることがわかるであろう。イタリアが、ドイツやスペインやフランスのように、適切な力量によって備えられていたなら、この洪水はイタリアが今抱えているような大激変を引き起こさずにすんだか、もしくは洪水そのものが到来しなかったことであろう。運命にどのように対決すべきかについて、全般的にはこのように述べておくだけで十分だと思う。

ところで、個々の事例をもっとよく見てみると、私としては次のように言いたい。それは、性質や資質の変化が何ら見られないのに、今日は日の出の勢いだった君主が明日には滅亡する、ということである。私が思うに、それは何よりもまず、先に長々と論じた理由から生じたことなのである。つまり、そういう君主は何から何まで運に頼っていたために、運が変転するや否や破滅したのである。次いで、私は、その君主は、行動の仕方が時代の特性に合っていたから、幸運に恵まれたのだと思う。同様に、行動の仕方が時代と合わなくなったために不運に見舞われたのである。なぜなら、人間は、それぞれが前方に抱いている目標、つまり栄光と富へと自分を導いていく事柄のなかで、多様なふるまい方をすることがわかっているからである。ある者は慎重にまたある者は勢いにまかせて、ある者は暴力的にまたある者は狡猾に、ある者は忍耐強くまたある者はそれとは反対にというように、それぞれが多様なやり方で目標に到達することができるのである。さらに、二人の慎重な人物のうち、一人は意図したことを成し遂げたのにもう一人はそうならなかったということが見られるし、同様にまた、違うやり方をした二人の人物、つまり一人は慎重でありもう一人は勢いにまかせていたのに、そのどちらもが同じように幸運に恵まれるということも見られる。そういうことは、時代の特性が彼らのふるまい方と合っていたのか、それとも合っていなかったのかということ以外の何ものからも生じないのである。ここから、私が述べたこと、つまり、二人の人物が異なる行動をしても同じ結果がもたらされたり、同じように行動したのに、一人は目標を達成し、もう一人はそうはいかなかったということが生じるのである。幸不幸の変転もこのことによるのである。なぜなら、ある者が慎重に忍耐強く統治していて、その統治がうまくいくように時代と状況が回るならば、彼は栄えてゆくことになるからである。ところが、時代と状況が変わると、ふるまい方を変えなければ彼は滅亡する。こういうことに適合できるほど思慮深い人間は見出せない。もって生まれた性質がおもむかせたものから自分を引き離すことができないからでもあれば、また、一つの道を歩むことによってつねに繁栄してきたために、その道から離れたほうがよいなどと説きふせられるはずもないからである。それゆえ、勢いにまかせるべき時が到来しても、慎重な人間はなすべきことがわからず、そのために滅亡するのである。だが、時代と状況とともにもって生まれた性質が変わるならば、運が変転することはないであろう。

教皇ユリウス二世は、どんな行動においても勢いにまかせてふるまい、時代と状況が自分のふるまい方にうまく合致していることを見出した。そのために彼の行動はつねに幸運に満ちた結果を獲得したのである。ジョヴァンニ・ベンティヴォリ殿がまだ存命中に、教皇がボローニャに対して行なった最初の作戦(1)をよく考えてもらいたい。ヴェネツィア人はこの作戦に反対、スペイン王も同じく反対であり、フランスとはこの作戦をめぐって交渉を重ねた。しかしながら、教皇は勇猛果敢に、勢いにまかせて、単独でこの遠征にとりかかった。教皇のこのような動きは、スペインとヴェネツィア人を曖昧で身動きのできないような状態にしてしまった。ヴェネツィア人は恐れから、スペインはナポリ王国全土を回復したいという欲望(2)から、そうなってしまったのである。その一方で、教皇はフランス王を引き込んだ。なぜなら、フランス王は、ヴェネツィア人を弱体化するために教皇を味方にしたいと願っているから、教皇が動きだしたのを見て、明らかに自分を傷つけることにならないかぎり、自分の軍隊の派遣を拒めないだろうと判断したからである。こうしてユリウスは、勢いにまかせた行動によって、他の教皇なら、あらゆる人間味ある思慮深さを用いても成し遂げなかったであろうことを、成し遂げたのである。なぜなら、もしユリウスが、他の教皇なら誰でもそうしたように、すべての交渉事がまとまり準備万端が整うのを待って、ローマ出発を遅らせていたとしたら、決して成功することはなかったであろうからである。なぜなら、フランス王は数え切れないほどの口実をもちだしたであろうし、他の者たちは教皇のうちに数え切れない恐怖をかきたてたであろうからである。私は、これ以外のユリウスの行動にはふれないでおきたい。どの行動もすべて同じようであり、すべて成功したからである。彼の統治が短命に終わったことから、逆の経験をせずにすんだのである。なぜなら、慎重にふるまわねばならない時代が襲ってきたら、彼は滅亡することになったであろうからである。それというのも、彼のもって生まれた性質がおもむかせるところとなったあのようなやり方から、決して離れることはなかったで

（1）一五〇六年夏の作戦。
（2）カトリック王フェルディナンド（フェルナンド）は、一四九五年にヴェネツィアがアラゴン家のフェルディナンド二世から獲得したアドリア海沿岸の諸港を回復しようとしていた。

あろうからである。

そこで私は次のように結論したい。運命は時代状況を変化させるが、人間は自分たちのやり方に固執するので、両者が合致している間はうまくいくが、食い違いが生まれると直ちに不運に見舞われるのだ、と。しかしながら、次のように判断する。すなわち、慎重であるよりは勢いにまかせたほうがよい、と。なぜなら、運命の神は女なので、運命を支配しようと思えば、たたいたり突き飛ばしたりして服従させる必要があるからである。運命は、冷静にふるまう者たちよりも、勢いにまかせたふるまいをする者たちの思いのままになるのは周知のことである。それゆえ、女と同じように、運命は若者の友なのである。なぜなら、若者というのはあまり慎重ではなく、より荒々しく、より大胆に女を支配するものだからである。

第二六章　イタリアを防衛し蛮族の手から解放するようにとの勧告

　したがって、これまでに述べたすべての事柄をよく考えてみるならば、そして、新しい君主に栄光を授ける時代が現代のイタリアに到来したのかどうか、また、賢明で力量のある人物に、その人物には名誉をもたらすとともに、イタリアの住民全体には幸福をもたらすような形態を導入する機会を授けるはずの、そういう素材があるのかどうかを胸のうちで考えてみるならば、私には、新しい君主にとって有利になるようなあまりにも多くの事態が寄り集まっているように思われるので、今ほど適切な時期がこれまでにあったとは思えない。そして、先にも述べたように、モーゼの力量を見ようと思うならば、イスラエルの民がエジプトの奴隷であることが必要だったのであり、キュロスの心の偉大さを知るためには、ペルシア人がメディア人に抑圧されることが必要であった。また、テーセウスのすぐれた能力が発揮されるためには、アテナイ人が散り散りになっていることが必要であった。それと同じように、現代において、イタリアの一つの精神の力量を知ろうとするならば、イタリアが現在のような状況に貶められ、ヘブライ人にもまさる隷属状態に置かれ、ペルシア人よりも卑屈になり、アテナイ人よりも散り散りになり、指揮官も秩序もなく、打ちのめされ、はぎとられ、略奪され、ありとあらゆる破滅を耐え忍ぶことが必要だったのである。

そして、ある人物(1)のうちにほのかな光が射し込み、神がイタリアの救済を命じたのかと思われたこともあったが、それにもかかわらず、その後その人物は活動の絶頂期に運に見放されるということが明らかになった。こうして、イタリアはまるで命を失ったかのように、誰でもよいから自分の傷を癒《いや》し、ロンバルディアの略奪に、王国やトスカーナの強奪に終止符を打ち、長年月にわたって膿《う》みただれた傷を治すことができるような人物を待ち望んでいるのである。蛮族の残忍なふるまいと横暴から解放してくれる人物を派遣してくれるよう、イタリアが神に祈っているのが見て取れるのだ。さらにまた、一つの旗を掲げる者があれば、イタリアがこぞって、直ちにその旗

(1) 暗にチェーザレ・ボルジャをさしている。

に従う用意があるのが見て取れるのだ。そして、現在、令名高きあなた方ご一家のほかは、イタリアが期待できるような人物は見出せないのである。あなた方ご一家こそは、神と、今やその君主となられた(2)、教会に助けられて、運と力量とを備え、この救済の指揮官となることができるであろう。先に名をあげた人びと(3)の行動と生涯を顧みていただけるならば、それはさして難しいことではないであろう。それらの人びとはまれに見る驚嘆すべき人びとではあったが、それでもやはり人間だったのであり、その一人ひとりが現在ほどの好機に恵まれていたわけではなかったのである。なぜなら、彼らの偉業はこのたびのものほど正当なものではなく、また、より容易なものでもなかったからであり、あなたほどには神が味方していたわけでもなかったからである。ここには偉大な正義があるのだ。「必要に迫られた戦争だけが正義の戦争であり、それ以外に何の希望もない場合には、軍備は憐みである」(4)ということである。ここにはこの上なく大きな好機があるのだ。大きな好機があるところには、あなた方ご一家が私が先に目標として指し示した人びとの方策をとるかぎり、大きな困難はありえないのだ。これに加えて、ここには、神に導かれた、前例のない尋常ならざる出来事が見られる。海は分かたれ、雲はあなたに道を示し、岩は水を吹き出し、マンナが雨のごとくに降り注いでいる。(5) こうした出来事が、ことごとく、あなたの偉大さのうちに集まってきたのだ。あとはあなたがなさねばならない。神は何から何までなそうとは望んでおられない。それというのも、我々から自由意志を取り上げないためであり、我々のものである栄光の一部を取り上げないためである。

そして、先に名をあげたイタリア人(6)の誰一人として、令名高きあなた方ご一家が成し遂げるだろうと期待されていることを成し遂げえなかったとしても、また、イタリアの多くの政変や戦乱のなかで、イタリアにおける軍事的力量がつねに消滅していったように見えるとしても、それは驚くべきことではない。なぜなら、それは、イタリアの古くからの制度がよくなかったために、また、新しい制度を見出すことができる者が一人もいなかったために生じたことだからである。そして、新たに君主の座にの

---

(2) レオ一〇世のこと。
(3) すなわち、モーゼ、キュロス、テーセウス。
(4) リウィウス『ローマ史』第九巻第一章からの引用。
(5) 『旧約聖書』「出エジプト記」にある奇蹟。マンナは天の恵みで与えられた食物。
(6) チェーザレ・ボルジャとフランチェスコ・スフォルツァ。

ぼりつめる者にとって、彼によって見出された新しい法律と新しい制度以上に名誉をもたらすものはない。これらの法律や制度は、その基礎がしっかりとかためられ、偉大な力を持つようになれば、君主を尊敬させ称賛させるものとなる。また、イタリアには、どんな形態もとりいれるような素材が欠けてはいない。ここでは、頭に力量がかろうじて欠けずにいるといった時でさえ、手足には偉大な力量があるのだ。決闘や少人数の戦いで、イタリア人が力や巧妙さや才知でどれだけまさっているかを見るがよい。ところが、軍隊間の戦闘になるや否や、見るべきものがなくなってしまうのだ。これはすべて指揮官が弱体であることから生じるのである。なぜなら、知力のある者は服従せず、しかも誰もが知力があると思っているからである。それというのも、ここにいたるまで、力量によっても運によっても、他の者たちが屈するほど傑出した人物が一人もいなかったからである。

ここから、長きにわたり、過去二十年間に行なわれた多くの戦争で、イタリア人だけの軍隊だとつねに悪しき結果がもたらされる、ということが起こったのである。そのことは、まずターロが、次いでアレッサンドリア、カプア、ジェノヴァ、ヴァイラ、ボローニャ、メストリが証拠立てている(7)。

したがって、令名高きあなた方ご一家が、それぞれの地域を解放した、かの秀でた人びとに倣おうとするならば、何よりもまず、他の何をおいても、あらゆる事業の真の基盤として、自前の武力を備えることが必要である。なぜなら、これよりも信頼でき、これよりも正しく、これよりもすぐれた兵士を得ることはできないからである。そして、兵士たちの一人ひとりがすぐれているとしても、彼らが君主によって指揮され、名誉を授けられ、厚遇されるならば、彼ら全体はさらにすぐれたものとなるであろう。それゆえ、イタリア人古来の力量をもって外敵から身を守るためには、このような自前の武力が必要である。スイスやスペインの歩兵軍は恐ろしいと思われているが、それにもかかわらず、両者ともに欠陥があるのであり、その欠陥ゆえに第三の軍

（7）ターロの戦いは一四九五年のことでシャルル八世がイタリア同盟軍を撃破。アレッサンドリアは一四九九年にフランス軍に包囲され、ミラノ軍指揮官ガレアッツォ・ダ・サン・セヴェリーノによって放棄された。カプアは一五〇一年にフランス軍が確保。ジェノヴァは一五〇七年にルイ一二世に降伏。ヴァイラの戦いについては第三章注14参照。ボローニャは、一五一一年、フランス軍が迫ると教皇使節団によって放棄された。メストリ（メストレ）には、一五一三年、カルドーナのライモンドがスペイン軍を率いて駐留した。

事組織(8)で彼らに対抗できるばかりでなく、凌駕しうると信じることができるであろう。なぜなら、スペインの歩兵軍は騎兵隊の攻撃を持ちこたえることができないからであり、スイスの歩兵軍は、自分たちと同じように頑強に戦う歩兵軍に遭遇すると、恐れを抱くからである。その結果、経験により、スペイン歩兵はフランスの騎兵の攻撃を持ちこたえることができず、スイス歩兵はスペイン兵に壊滅させられるということが見られたし、今後も見られることであろう。この最後の場合については、経験全体が明らかになっているわけではないにせよ、それにもかかわらず、ラヴェンナの合戦(9)において一つの実例が見られたのである。この時スペイン歩兵軍はドイツ軍部隊と交戦したのであったが、ドイツ軍はスイス軍とまったく同じ戦闘隊形をとっていた。そこでスペイン兵は肉体の敏捷さと円形盾を頼りに、敵の槍ぶすまをかいくぐり、断固として攻めかかったので、ドイツ軍はなすすべもなかったのである。騎兵隊がやってきてスペイン軍に襲いかからなかったならば、ドイツ軍は全滅していたであろう。したがって、これら二つの歩兵軍それぞれの欠陥を知るならば、新しい歩兵軍を組織することができる。その歩兵軍は騎兵に対抗することができ、歩兵を恐れることもないはずである。それは武力の種類と軍編成の変更とによって成し遂げられることであろう。

そして、新しく組織されたこのような武力が、新しい君主に名声と偉大さをもたらすのである。

したがって、かくも長い年月の後で、イタリアがその救世主のあらわれるのを目にするように、この好機が過ぎ去るままにしてはならない。これらの外敵の侵攻によって苦しんできたあのすべての地域で、この方がどれほどの愛をもって迎えられるか、どのような復讐への渇望をもって、どのような強固な信念をもって、どのような憐みをもって、どのような涙で迎えられるか、私には表現することができない。この方に対していかなる扉が閉ざされようか。この方に対していかなる人民が服従を拒もうか。この方に対していかなる妬みが立ち向かおうか。この方に対し従順であることを拒むいかなるイタリア人がいるだろうか。この野蛮人の支配は誰にとっても異臭を放っているのだ。したがって、正しい事業を引き受ける時の、あの勇気と希望をもって、令名高きあなた方ご一家は、あなた方の家紋のもと、この祖国が気高いものとなり、あ

(8) スイスのものともスペインのものとも異なる歩兵軍のこと。
(9) 第一三章注1参照。

なたの庇護のもと、かのペトラルカの言葉が現実のものとなるように、この任務を引き受けてほしい。ペトラルカはこう言っているのだ。

徳の力《ヴィルトゥ》は猛威に抗して
武器をとるであろう、そして戦いは短いであろう
古くからの武勇は
イタリア人の古来の心のなかで、まだ死んではいないのだから⑽

（10）「イタリアの君主たちへ（*Ai signori d'Italia*）」第六節の結びの部分。

解説

森川辰文

一つの逸話が残されている。死の床についたマキャヴェッリの容体を案じて病床の周りに集まった人びと――友人たちであるとも家族であるとも言われているが――に、マキャヴェッリが語ったという夢の話である。夢のなかで、ぼろをまとった、哀れっぽい、憂いに沈んだ人びとの一団に出会ったマキャヴェッリは、あなた方はどなたかと問いかけた。すると、私たちは聖者や福者でこれから天国へ行くところだという答が返ってきた。今度は、高貴で威厳のある様子の一団がやってきた。いずれも礼服や式服を着込み、政治的な問題を厳粛に論じている様子である。よく見るとそのなかにはプラトン、プルタルコス、タキトゥスといった古代の著作家たちも加わっているのがわかった。そこで、あなた方はどなたで、これからどこへ行くのかと問いかけると、われわれは地獄へ落ちた人間たちであるという答えが返ってきた。こういう夢を見たのだと語った後で、マキャヴェッリは、天国で聖者や福者に囲まれて死ぬほど退屈な思いをするよりも、地獄に行って古代の偉大な人びとと政治を論じるほうがはるかにいい、とつけ加えたのだという。

実際にこんなことがあったのかどうかはわからないが、確かにマキャヴェッリは政治の人であった。友人のフランチェスコ・ヴェットーリあてのある手紙のなかでも、自分は国家について論じる以外能のない人間だと記している。とはいえ、彼は政治家だったわけでも、政治的野心を持っていたわけでもない。政治にたずさわること、それは彼の職務だったのであり、職務を遂行するなかで、彼は政治の観察者になったのであった。

マキャヴェッリは、一四六九年フィレンツェに生まれた。「偉大な人（イル・マニーフィコ）」と呼ばれたロレンツォ・デ・メディチが、当時フィレンツェを支配していたメディチ家の当主の座についたのも同じ年のことである。幼少のマキャヴェッリについてはある程度のことが知られている。また、十八歳までは親元にいたこともわかっている。父親のベルナルドが残した備忘録（*Libro di ricordi* として一九五四年に公刊されている）から知ることができるのである。ところが、その後どこで何をしていたのかは何もわかっていない。実はローマの銀行に勤めていたのだという説が持ち出されたことがあるが、これは文献学者のマリオ・マルテッリによって否定された（*L'altro Niccolò Bernardo Machiavelli*, 1975）。同名異人だったのだという。そして、マキャヴェッリは、一四九八年、二十九歳の時にフィレンツェ共和国第二書記局の書記官長として、突然私たちの前に姿を現すのである。こうした役職は敬称つきの名士のなかから選ばれるのが普通であったから、何の敬称もつかないマキャヴェッリの抜擢は異例であるといってよい。なぜ、どういうわけでこの役職に選ばれたのか、諸説あるものの判然としないが、いずれにせよ、彼の能力が評価されたものと思われる。こうして彼の職務としての政治活動が始まる。

この時代――後期ルネサンス――のフィレンツェは、イタリアの他の都市国家同様、階級対立、有力市民一族間の抗争が相次ぎ、これには追放、略奪、流血沙汰がつきものであった。こうした対立・抗争をくぐり抜けてフィレンツェを支配することになったのがメディチ家であった。一四三四年のことである。メディチ家は下層市民を取り込み、種々の策を弄して、表向きはただの市民で通したが、実質的にその当主は「君主」であった。ロレンツォが当主の座についたとき、メディチ家の絶頂期はすでに過ぎていたが、人文主義者たちを保護し、彼らの知的活動を奨励し、その一方で、驚くべき外交能力を発揮して、フィレンツェ、ミラノ、ヴェネツィア、教皇庁、ナポリの「五大国」間の勢力均衡政策を追求して一定の成果をあげた。一四七八年にはメディチ家に敵対するパッツィ家による陰謀事件が発生しロレンツォの弟ジュリアーノが殺害されたが、ロレンツォは負傷するも一命をとりとめた。このときフィレンツェの民衆はメディチ家を支持し、メディチ家の支配はかえって強化されたのであった。

一四九二年、ロレンツォが死去すると、イタリア半島の勢力均衡は再び崩れ、勢力拡大を目指して諸国は外国勢力とも手を組んで戦いあった。一方ローマではロレンツォが死去したのと同じ一四九二年に新教皇としてアレクサンデル六世（悪徳にまみれたとの評判であった）が選出された。ロレンツォの後を継いだピエーロは統治者としては凡庸であり、専制的傾向を強めていった。一四九四年、フランス王シャルル八世がナポリの王位継承権を主張してイタリアに侵入してきた。これ以後イタリアは長きにわたって外国勢力の野心の的となるのだが、フランス軍がフィレンツェにせまると、これに驚愕したピエーロはいくつかの要塞をフランス王に譲渡し、軍資金の支払いさえ約束してしまったのである（この混乱に乗じてフィレンツェ支配下にあったピサが独立を宣言し、以後フィレンツェはピサ奪回に大変な苦労を強いられることとなる)。これに激怒したフィレンツェ市民はピエーロを追放し、ここにメディチ家の支配は終焉を迎えることとなった。

メディチ家の支配の後を受けて新たなフィレンツェ共和国の事実上の支配者となったのは、ドメニコ会修道士のジローラモ・サヴォナローラであった。「事実上の」というのはサヴォナローラが実際に権力の座についたわけではなく、サヴォナローラ派の政権を通じてきわめて強い影響力を行使したからである(したがって、サヴォナローラは直接フィレンツェの軍事力を掌握したわけではなかった。マキャヴェッリは、このことをとらえて、のちに『君主論』のなかで、サヴォナローラを「武力なき預言者」と呼ぶことになる)。サヴォナローラはまだロレンツォが存命中からメディチ家の支配を非難し、教会の腐敗堕落を攻撃して天罰がくだるであろうと「預言」し、徐々にフィレンツェ市民の間に支持者を獲得していった。あたかもこの「預言」の天罰が実現したごとくにシャルル八世がイタリアに侵入してきたのであった。この事実上のサヴォナローラ政権のもとで一連の政治改革がなされ共和政体が強化されたが、サヴォナローラの腐敗堕落攻撃は市民生活に対しても教会に対しても止まるところを知らず、歌舞音曲は禁止され、子供たちが聖歌を歌いながらフィレンツェ市内を練り歩き、「堕落した人びと」を「摘発」した。また、広場では絵画、彫刻、装飾品などが積み上げられて焼却された。このような「清貧生活」の強制にうんざりして、人心は次第にサヴォナローラから離れ、フィレンツェでは次第にサヴォナローラへの反感が強まっていった。一方、教会との対立は抜き差しならぬところまで行き、ついに一四九七年、彼は破門されてしまう。ここにいたってとうとうサヴォナローラの権威は失墜、翌年、反サヴォナローラ騒乱が発生し、ついに彼は処刑されてしまうのである。

サヴォナローラ失脚後のフィレンツェ共和国、その第二書記局書記官長にマキャヴェッリは選ばれたのであった（それからほぼ一か月後に軍事十人委員会の職務も委任されている）。フィレンツェ共和国には第一書記局と第二書記局とがあり、前者は外交を、後者は内政と戦争を担当する建前になっていたが、実際には両者が扱う事務は重なり合っており、判然と区別されていなかった。実際、これ以後、彼は外交折衝の任を受けて東奔西走の日々を送ることになるのである。先にも触れたように、マキャヴェッリの政治的問題意識は、この第二書記局書記官長の職務を遂行するなかで形成されていったのである。なかでも、統一され、常備軍を備えた「大国」フランス王国に何度も派遣されたこと、チェーザレ・ボルジャと出会ったことは彼に大きなインパクトを与えた。また、全面的に傭兵に頼ったピサ奪回戦争の経験は、自前の武力の必要性を強く認識させることになったはずである。

マキャヴェッリの書記官長としての活動は一五一二年をもって幕を閉じる。メディチ家がフィレンツェに帰還し、奉職していたフィレンツェ共和国が崩壊したためである。一五一一年、対フランス神聖同盟結成後も同盟に加わらず、だらだらと親仏政策をとり続けたフィレンツェを神聖同盟に加わるスペイン―教皇連合軍が攻撃し、スペイン軍とともにメディチ家が戻ってきたのである。マキャヴェッリは職を失っただけでなく、反メディチ陰謀に加担した容疑で逮捕され、拷問まで受ける始末であった。一五一三年二月のことである。三月一一日にジョヴァンニ・デ・メディチが教皇レオ一〇世に選出されたために、恩赦で出獄することができたが、フィレンツェ近郊に所有する山荘に蟄居《ちっきょ》することとなった。マキャヴェッリにとっては失意の日々だったであろうが、後世の私たちにとってはこれは僥倖《ぎょうこう》であったと言えよう。この山荘での蟄居生活のおかげで、マキャヴェッリは『君主論』をはじめとする書物を執筆することになったからである。

『君主論』は一五一三年に執筆されたと考えられている。一五一三年一二月一〇日付のフランチェスコ・ヴェットーリあての手紙のなかで、マキャヴェッリは、「……『君主政体について（*De principatibus* とラテン語で表記している）』という小冊子を作成しました。そのなかで私はこの主題についてできるだけ深く思索し、君主政体とは何か、それにはどのような種類があるか、それはどのように獲得され、どのように保持されるのか、そしてなぜ失われるのかを論じています」と書いているからである。この『君主政体について』という小冊子が、おそらく、今日に伝わる『君主論』の原型であることは間違いないであろう。『君主論』のなかで、共和政体については「他の機会に詳しく論じた」と記されているので、これに先立って『ディスコルシ（ローマ史論）』を執筆しつつあったと推察される。

『君主論』――イタリア語の書名 *Il Principe* をそのまま訳せば「君主」であるが、principe（プリンチペ）という言葉の意味は幅広く、「君主」だけでなく、「統治者」一般、場合によっては軍隊の指揮官を表すこともある。実際、マキャヴェッリは『ディスコルシ』のなかで、共和政体における principe について語っている――はロレンツォ・デ・メディチ（イル・マニーフィコ）の孫にあたる同名のロレンツォ・デ・メディチ（祖父と区別するために小ロレンツォと呼ばれる）に献呈された。献辞のなかでマキャヴェッリは、この書物は、経験と読書によって学び、彼が長年にわたり見極め理解したすべての事柄を「ごく短い時間で理解する能力」を、新しい君主であるロレンツォに授けるものである、と書いている。すでにここに、『君主論』の実践的な性格が明らかにされている。現在の我々から見れば当たり前のように思えることだが、中世以来数多く書かれた「君主論」の流れのなかで考えると、マキャヴェッリの『君主論』は、まことにユニークで革命的なものであった。

マキャヴェッリに先立つ「君主論」は、いわゆる〈君主の鑑《かがみ》〉と呼ばれるものであり、そこでは、キリスト教的モラルの体現者たる君主は、臣民をキリスト教的に正しい道へと善導することを期待されるのである。だが、それは自分の書くことと大きく懸け離れているのだ、とマキャヴェッリは言う。これまでの「君主論」は「一度も見たことがなく、また、現実には存在することを知りもしない共和政体と君主政体を空想してきた」にすぎないのである。「どのように生きているかということとどのように生きるべきかということは非常に懸け離れている」のであり、「なすべきことのために現になされていることを蔑《ないがし》ろにする者は、自らの保持よりもむしろ破滅を学んでいるのである。なぜなら、すべての点で善をなそうと欲する者は、必ずや善《よ》からぬ者たちのなかで破滅することになるからである」。したがって、「君主がその地位を保持しようと望むのであれば、善からぬ者にもなりうることを学び、必要に応じてそれを用いたり用いなかったりする必要がある」のだ。しかし、現実の人間がすべて善良ならば〈君主の鑑〉のごとく行動してもよいだろう。しかし、現実に存在している人間は邪悪であり、「恩知らずで、移り気で、猫かぶりで、空とぼけていて、危険を避けようとし、儲けることにかけては貪欲なのである」。このような人間が生活する現実世界のなかで、つねにモラルにのっとった行動をとるならば、その君主は破滅し、国家は失われ、結局君主に統治されている人民も悲劇に見舞われることになるだろう。そうならないためには、君主は、ライオンの獰猛《どうもう》さと狐の狡猾さを身につけ、場合によっては、キリスト教的モラルから見れば「悪」とされる道へも踏み込まなければならないのだ、というわけである（とはいえ、マキャヴェッリは「悪」の道へ踏み込むことを手放しで認めているわけではない。第八章に見られるとおり、極悪非道によって君主の地位を獲得する能力に関して、彼の評価はどちらかと言えば否定的である）。こうして、マキャヴェッリにおいては、政治はモラルから独立し、自立したものとなる。それを象徴するのが、徳（ヴィルトゥ）の意味の変容である。マキャヴェッリにおいてはヴィルトゥはもはやキリスト教的な徳ではない。ヴィルトゥとは君主の政治的・軍事的力量にほかならない。言い換えれば、政治的・軍事的力量を有していることが君主の「徳」なのである。そして、このようなヴィルトゥを有する者にとっては、もはや運命（フォルトゥーナ）は不可抗的な力を及ぼすものではない。力量ある者は、フォルトゥーナの女神が差し出す機会を的確にとらえ、また逆境に見舞われても巧みに乗り越えるであろう。このようなヴィルトゥを備えた人物として、マキャヴェッリが高く評価したのがチェーザレ・ボルジャであった。チェーザレは「悪徳にまみれた」教皇アレクサンデル六世の庶子（カトリックの聖職者は妻帯を許されないから、子供がいるとすればすべて庶子であるが、表向きは「甥」とされた）であり、チェーザレ自身も兄のガンディア公の殺害容疑、妹のルクレツィアとの近親相姦の噂など、モラルという視点から見るならばなかなか受け入れがたい存在であった（もっとも、両者の悪評は、スペイン人に対する当時のイタリア人の偏見が多分に影響しているとする研究者がいないわけではない）。しかし、マキャヴェッリの評価には、そんなことはいささかも影響しない。マキャヴェッリにとっては、チェーザレが政治的にいかに行動し、いかに統治し、いかに危機を脱するヴィルトゥを備えていたかが問題なのである。「父親の運のおかげで国家を獲得した」チェーザレは、決断力あふれる迅速な行動によって次々と中部イタリアの諸都市を獲得していった。この軍事行動で、チェーザレは当初フランス王からの援軍や傭兵を用いていたが、これらの軍隊が信用できぬことを見抜き、徐々に自前の軍隊に切り替えた。それでは、獲得した都市はどうしたか。マキャヴェッリはロマーニャ地方の例をあげる。その実例は「他の人びとによって模範とされるに値する」からである。ロマーニャでは、「無能な領主たち」が住民から略奪し、ばらばらに分裂させてしまったために、「あらゆる無法行為の原因に満ちていることがわかったので、ロマーニャに平穏をもたらし権力に従わせようとするなら、良い政府を与えることが必要である」とチェーザレは判断したのであった。そこで、リミッロ・デ・オルコに全権をゆだね過酷な粛清を断行させる。その結果、ロマーニャには短期間で「平穏と統一」がもたらされることとなったが、チェーザレは、この厳しい粛清政治から生み出された憎しみが自分に向けられることがないよう、オルコを殺害して死骸をチェゼーナの広場にさらしたのである。「人民の心から憎しみを洗い流し、人民全体を味方に取り込むために、これまでに過酷な統治が行なわれたとしても、それは自分のせいではなく統治官の荒々しい性格のせいであった」ということを示そうとしたのだ、とマキャヴェッリは記している。アレクサンデルが死去した時、チェーザレ自身も病で死にかけていたのが災いして、結局彼は国家を失うことになったが、ロマーニャが一か月以上も彼を待っていたことは「彼が作り上げた土台が優れたものであったこと」を示している、とマキャヴェッリは指摘している。チェーザレ・ボルジャはマキャヴェッリにとって理想の君主像となった。つまり、好機をとらえて断固たる決断力をもって行動し、自前の軍隊で武装し、人民を味方につけた君主である。

『君主論』の中心的主題は「新しい君主」である。新たにフィレンツェの「君主」の座についた小ロレンツォに献呈された書物であるから、これは当然と言えば当然だが、マキャヴェッリは、すでに『君主論』執筆以前に、「新しい君主」とは何者であり、何をなすべきかについて書いている。彼は『ディスコルシ』第一巻第一六章のなかで次のように述べているのである。

自由な道を通ってであれ、君主政体によってであれ、人民大衆の統治を始める者で、新しい体制に敵対する者に対して自らの安泰を確保していない者は、長続きする国家を作り上げることはできない。まさしく私は、自らの国家を安泰に保つために非常手段に訴えて、人民大衆を敵にまわしてしまう君主を不幸だと考える。なぜなら、敵がわずかで紛争が少なければ、容易に自らの安全を確保できるからであり、全体を敵にまわす者は決して自らの安全を保つことができないからである。かくして、ここでとるべき最良の解決策は人民を味方につけることを追求することである。

ここで「自由な道」というのは共和政体のことである。「新しい体制」は原文では「オルディネ・ヌォーヴォ（ordine nuovo）」である。現代のイタリア語では「オルディネ」は「秩序」という意味であり、「オルディネ・ヌォーヴォ」は「新しい秩序」ということになるが、マキャヴェッリにおいては「オルディネ」は単なる「秩序」ではなく、法的に整備された政治体制が確立されている状態を意味する。つまり、「新しい君主」とは、新たに君主の座について新しい政治体制を打ち立てる者、いわば「革命者」なのである。そして、この新しい政治体制を確立し保持することは力の行使だけで成し遂げることはできず、人民を味方として、人民の同意を確保することが不可欠だというのである。「人民を味方につけなければならない」ということは『君主論』のなかで繰り返し主張される。人民から憎悪されないことは最良の砦《とりで》なのである。だが、これは、しばしば誤解されているように、単に権力を獲得し維持するための道具として人民を利用せよという、シニカルな権力追求の勧めではない。人民を味方につけるためには、君主は、ときおり、市民の同業組合《アルテ》などの「会合に参加し、自らを人間味と度量の広さを備えた模範として示さなければなら」ず、「自分の市民たちが、商業であれ、農業であれ、その他どんな職業であれ、自分たちの仕事を安心して営むことができるように励まさなければならない」、というのである。

ここで「人民」というのは原文では「ポーポロ（popolo）」である。当時のフィレンツェにあって、「ポーポロ」は経済活動に従事する市民階層を意味しているが、上は貴族・豪族層に近い有力市民層から下は都市プロレタリアートとそれほど差がないものまで幅広い。マキャヴェッリが念頭に置いているのは「平民階層」であろう。マキャヴェッリの貴族・豪族層に対する否定的姿勢は一貫していて、メディチ家復帰の直前に書かれたメディチ派へのアピール（『メディチ党へ』）のなかでも、豪族層を信用してはならないと勧告しており、『君主論』においても君主は貴族から身を守らねばならないと述べているからである。このように見ていくと、彼は、「革命者」たる「新しい君主」に対して、貴族・豪族層に対抗してポーポロを擁護するよう呼び掛けているのだ、と考えることができるだろう。

『君主論』で繰り返されるもう一つの主張、それは、君主は自前の軍隊を持たなければならない、ということである。自前の軍隊への強いこだわりには、おそらく、ピサ奪回戦争の経験がのしかかっていると思われる。先にも触れたが、フィレンツェ支配下にあったピサは、シャルル八世のイタリア侵攻に乗じて独立を宣言し、フィレンツェはピサ奪回のために大きな苦労を強いられることになった。ピサは、海への出口を確保するうえで、フィレンツェがどうしても確保しておきたい都市だったからである。フィレンツェは自前の軍隊を持たず、ことあるごとに傭兵軍に頼っていた。ピサ奪回戦争においてももっぱら傭兵軍を投入した。だが、その結果、ピサ奪回戦争は延々と続くことになった。パオロ（マキャヴェッリはパウロと表記）・ヴィテッリ指揮下の傭兵軍は目覚ましい戦闘を展開し、ピサの市壁を砲撃して破壊し、ピサ陥落は時間の問題と思われたにもかかわらず、突如攻撃を中止し、なぜか撤退してしまった。理由は不明である。このためにパオロは裏切りを疑われ処刑されてしまった。今度はフランス軍の支援を受けることとなったが、多額の軍資金を支払ったにもかかわらず、フランス軍はなかなかピサ攻撃に移らず、ぐずぐずしている間に、フランス軍のスイス傭兵隊がフィレンツェ領内を荒らしまわる始末であった。戦争ではなかなか決着がつかないとみて、アルノ河の流れを変えて、ピサへの海からの物資補給を断って消耗させることも試みられた。このプロジェクトには、レオナルド・ダ・ヴィンチも加わったが、莫大な資金が必要なことから、結局中止されてしまった。

こうした状況を目の当たりにして、マキャヴェッリは自前の歩兵軍を提唱した。豪族層は行政長官ピエーロ・ソデリーニの僭主化につながるとして強く反対したが、どうにか創設にこぎつけた。歩兵はフィレンツェの周辺支配領域（コンタード）から徴兵され、一五〇五年二月一五日には、フィレンツェの広場で観兵式が行なわれた。これを目撃した一市民の日記によれば、歩兵たちは四百名で、白い胴衣を着け、赤と白の縞の靴下をはき、白い帽子をかぶって、鉄製の胸当てをつけ、槍とラッパ銃を携えて行進した。一人の司令官が歩兵隊を指揮し、武器の使用法を教授した。「外国人に頼らなくてもいいように、全コンタードから数千名の歩兵が生み出されるように命じられている。この観兵式はこれまでにフィレンツェで催されたなかで最も素晴らしい見ものだとみなされている」、とこの日記の筆者は記している（Luca Landucci, *Diario fiorentino*, 1883）。この時の歩兵軍構想は、のちに『戦争の技法』に取り入れられ、一五二一年に出版された。ちなみに、これはマキャヴェッリの生前に刊行された唯一の書物である。

ピサが降伏したのはそれから四年後のことであった。ピサ降伏にフィレンツェの自前の歩兵軍が一定の役割を果たしたことは確かであった。マキャヴェッリは、自らが生みの親となったフィレンツェ歩兵軍の先頭に立って、意気揚々とピサ市内に入っている。けれども、それから三年後の一五一二年、スペイン軍との戦いではプラートで大敗を喫する。フィレンツェに支配されるコンタードの住民からなる歩兵軍は、正確にはフィレンツェ市民軍とはいいがたく、必ずしもマキャヴェッリが期待したように愛国心に支えられて軍事的力量を発揮するというわけにはいかなかったのであろう。現実にはこうした問題点を抱え込んでいたが、歩兵を中核とする自前の軍隊を保持すべきというマキャヴェッリの信念は揺るがなかった。

『君主論』第二四章において、マキャヴェッリはイタリアの君主たちが国家を失ったのはなぜかと問い、次のように述べている。

イタリアにおいて国を失った支配者たちを考察してみると、これまでに長々と論じてきたその諸原因のなかで、第一に軍備にかかわる共通の欠陥が見出されるであろう。そして、次に、彼らのある者は人民を敵にし、またある者は、人民を味方にしたとしても、貴族たちから身を守ることができなかったということがわかるであろう。

「軍備にかかわる共通の欠陥」とは、もちろん、彼らが自前の軍隊を持たなかった、ということである。フィレンツェに限らず、イタリアの都市国家の多くは傭兵軍に頼っていたのである。彼は、これらの支配者たちを反面教師として、「新しい君主」を構想したのである。だが、彼が「新しい君主」である小ロレンツォに託した任務は、単にフィレンツェの国家を掌握し保持することではなかった。『君主論』最終章において明らかになるように、マキャヴェッリが情熱をもって「新しい君主」に託した任務、それは、台頭した近代的な大国によって翻弄され、支配されるイタリアを、それらの外国勢力から解放することであった。彼は、『君主論』において政治の現実のなかでこのような「新しい君主」がいかに行動すべきかを説いたのである。そして、マキャヴェッリは、フィレンツェ一国の視点ではなく、全イタリアという視点に立っている。それはまだ統一されたイタリアという国家を構想しているわけではないが、それにもかかわらず、一都市国家フィレンツェという狭い視点を超えていたことは重要である。「外国勢力からの解放」が実現され、統一イタリア国家が誕生するのはこれから三百年以上も後の一八六一年のことである。マキャヴェッリの「君主」は、リアリズムに徹しながら未来を志向する、「前方への意志」の持ち主でなければならなかった。そして、この「前方への意志」は、他でもない、マキャヴェッリのものだったのである。マキャヴェッリはリアリストであったということ、それは間違いないが、彼のリアリズムとは単なる現状追随ではなかった。『君主論』のなかで、マキャヴェッリは自らの理想を語ったのである。そして、彼は、理想を実現するためには徹底したリアリストでなければならないことをわきまえていた。そして、このことが『君主論』執筆にかかわってくるのである。

『ディスコルシ』のなかで、しばしば君主政体に対する共和政体の優位性を述べていることからもわかるように、マキャヴェッリは共和主義的な思想の持ち主であった。だが、彼は、無条件で共和政体をみとめているわけではない。「堕落した都市においては、共和政体を維持したり新たに創設したりするのは難しい」と考えており、自らが奉職していたフィレンツェ共和国は「決断力が乏しく決定することができない」弱体共和国である、とも考えていた。ひるがえって、フィレンツェの、そしてイタリア全土の状況を考えてみれば、まさに危機的状況である。弱体共和国ではこうした状況を乗り切ることはできないだろう、では乗り切るにはどのような国家体制が必要なのか。こうした問題意識に突き動かされて、彼は今目の前に存在している「新しい君主」と向き合ったのである。人民を守ることで確固たる人民の支持を取りつけ、強固な基盤を築き、自前の軍隊を持って、全イタリアを糾合し外国勢力の支配からイタリアを解放せよ、そのためには私も微力ながら力をお貸ししよう。これが『君主論』を貫く主張であった。

すでに、『君主論』執筆以前から、マキャヴェッリはローマ在住の友人フランチェスコ・ヴェットーリに、メディチ政権に取り立ててもらえるよう、レオ一〇世周辺への働きかけを依頼していたが、なかなか色よい回答は得られなかった。それを考えれば、『君主論』はある種の「就職論文」と言えないことはないが、マキャヴェッリは決して自分の利害だけで仕官の道を探っていたわけではない。「弱体フィレンツェ共和国」での経験を批判的にとらえ返し、メディチ政権のもとで自らの政治的理想をいささかなりとも実現しようと考えていたのである。彼は共和主義者から君主主義者へと「転向」したのではない。時代の変化に合わせて行動の仕方を変えよ、という君主への勧告を彼自身も守ったということである。とはいえ、小ロレンツォが『君主論』を読んだかどうか定かではない。読んだとしても、これだけあけすけに「本当のこと」を言っている人材を雇う気になったかどうかも疑問であり、全イタリアの解放者たれとの『君主論』最終章の勧告はいささか重荷に感じられもしたであろう。いずれにせよ、マキャヴェッリの努力は実を結ばなかった。

一五一九年五月四日、ウルビーノ公となっていた小ロレンツォが二十六歳で死去する。これを受けて、マキャヴェッリは、枢機卿ジュリオ・デ・メディチから小ロレンツォ死去以後のフィレンツェ統治のあり方について諮問を受ける。ようやくメディチ家とのつながりができたのである。この要請にこたえて『小ロレンツォ・デ・メディチ没後のフィレンツェ事情について』を一一月に執筆するが、ここでもフィレンツェにふさわしいのは共和政体であることを明言している。さらに、一一月八日にはメディチ枢機卿を長とするフィレンツェ学術局からフィレンツェの歴史の執筆を依頼され、これは『フィレンツェ史』として結実する。教皇クレメンス七世として選出されていたジュリオ・デ・メディチにこれを献呈するためにローマにおもむいたのは、一五二五年五月のことであった。だが、このころ、イタリア情勢は風雲急を告げ始めていた。ロンバルディアでフランスとカール五世（神聖ローマ帝国皇帝、スペイン王カルロス一世）の戦争が繰り広げられていたのである。フランス軍は劣勢であり、一時フランス王フランソワ一世はスペイン軍の捕虜となった。その後、教皇、フランソワ一世、フィレンツェ、ミラノ、ヴェネツィアの間で、皇帝に対抗する神聖同盟が結成され（一五二六年五月二二日）、カール五世との戦争が差し迫るなか、マキャヴェッリは市壁管理委員会（市壁防衛を任務とする）の責任者となった。職を失ってから十四年たって、再び正式に政府の職務につくことになったのである。一五二七年五月、南下した皇帝軍はローマに入り、歴史上「ローマの劫略」と呼ばれることとなったすさまじい略奪が行なわれた。クレメンス七世は皇帝軍に捕らえられてサンタンジェロ城に幽閉された。この報が到達するとフィレンツェは大混乱に陥りメディチ支配は崩壊する。共和制が改めて宣言され、メディチ政権に協力する形となっていたマキャヴェッリは、あらゆる政治的任務から排除されることとなった。再び政治という生きがいを失った大きな落胆が影響したのであろうか、六月に入ると彼は病に倒れ、六月二一日、五十八年の生涯を終えた。

マキャヴェッリは、しばしば、マキャヴェリズムの創始者、権謀術数の理論家などと言われている。だが、これは、「信義は必ずしも守らなくてよい」とか、「すべての善良な性質を持っている必要はない、持っているように見せかけることが必要なのだ」といった文言を、『君主論』全体の文脈のなかでとらえることをせずに抜き出してきて決めつけているにすぎないのである。こうした事柄はマキャヴェッリが「発明」したわけではない。彼は、実際に当時の政治のなかで行われていたことをあからさまに語ったにすぎないのである。そして、すべての人間関係においてかくあれかしと勧めているわけでもない。あくまでも政治の領域の話なのである。『君主論』が実践的書物であるためには、このような叙述が登場するのは必然的なことであった。マキャヴェッリが生きた時代の政治とは、まさに権謀術数の渦巻く世界であり、政変に流血沙汰が伴うのは当たり前のことであった。だから、マキャヴェッリは政治的な動機による殺害行為を否定していない。時代の刻印は政治を離れてもマキャヴェッリに刻み付けられていると思われる。「運命の神は女だから力ずくで従わせればよい」といった、女性蔑視と受け取られかねない表現もそうであろう。フェミニストが激怒しそうな表現だが（実際、フェミニズムの視点からマキャヴェッリのこうした文章を取り上げた批判的研究書もあるのである）、これはおそらくマキャヴェッリだけに特有なものとは言えないであろう。マキャヴェッリ自身は「マキャヴェリズム」や権謀術数とは無縁の生涯をおくったのであり、それゆえに息子たちを「極貧の状態」に残して死去したのであった。

マキャヴェッリ略年譜

一四六九年

五月三日、フィレンツェのサンタ・トリニタ地区で、法学博士の父ベルナルドと母バルトロメーア・デ・ネッリの間に生まれる。二人の姉プリマヴェーラとマルゲリータがあり、一四七五年には弟のトットが誕生。

一二月三日、ピエーロ・デ・メディチ死去。フィレンツェの統治権は彼の息子たち、ロレンツォ（イル・マニーフィコ）とジュリアーノの手に。

一四七六年　七歳

ラテン語文法の学校に通い始める。

一四七七年　八歳

バッティスタ・ダ・ポッピのもとでラテン語学習を継続。

一四七八年　九歳

四月二六日、パッツィ家の陰謀事件発生。ジュリアーノ・デ・メディチが聖堂内でミサ中に暗殺される。ロレンツォは負傷するも聖具室に隠れて一命をとりとめる。

一四八〇年　一一歳

初等算数を習い始める。

一四八二年　一三歳
ジローラモ・サヴォナローラ修道士、サン・マルコ教会のドメニコ会修道院の修練長となる。

一四八九年　二〇歳
三月九日、ロレンツォの息子ジョヴァンニ・デ・メディチ、一三歳で枢機卿となる。
一二月、サヴォナローラ、待降節の説教でロレンツォの権威に挑戦。

一四九二年　二三歳
四月八日、ロレンツォ死去。息子のピエーロがフィレンツェ統治を引き継ぐ。
八月二日、インノケンティウス八世没後の新教皇にアレクサンデル六世（ロドリーゴ・ボルジャ）選出。

一四九四年　二五歳
一一月九日、ピエーロ・デ・メディチ追放される。シャルル八世にサルザーナ、ピエトラサンタ、ピサの要塞を引き渡したためである。
一一月一七日、シャルル八世フィレンツェに入る。
一二月二三日、サヴォナローラの意志に沿う形でフィレンツェ共和国の新体制発足（大評議会、八〇人委員会、自由と平和の一〇人委員会、八人委員会）。

一四九五年　二六歳
七月二五日、サヴォナローラ、ローマへの召喚を拒否。このため、九月八日、アレクサンデル六世、サヴォナローラの説教を禁止。

一〇月、フィレンツェがピサ再征服の戦争を決定した後、ヴェネツィアがピサを保護下に置く。

一四九七年　二八歳

五月一三日、アレクサンデル六世、サヴォナローラを破門。

一二月二日、「マキャヴェッリ家」の名でペルージャ司教ジョヴァンニ・ロペス枢機卿に書簡を送り、パッツィ家に対抗して、ピエーヴェ・ディ・ファーニャの保有権保護を求める。マキャヴェッリ、ラテンの古典の勉強を継続、確固たる人文主義の教養を身につける。

一四九八年　二九歳

三月九日、ローマのリッチャルド・ヴェッキに宛ててサヴォナローラをとりまく状況についての情報を送付。

四月七日、シャルル八世死去。いとこのルイ一二世が王位を継承。

四月八日、ピアニョーニ派（泣き虫派＝サヴォナローラ派のこと）に対する騒乱発生。フランチェスコ・ヴァローリ（サヴォナローラ派の行政長官）が殺害され、サヴォナローラとその信奉者の何人かが逮捕され拷問される。

五月二三日、サヴォナローラ処刑。

六月一五日、マキャヴェッリ、フィレンツェ共和国第二書記局の書記官長に任命され、七月一四日には軍事一〇人委員会の職務も委任される。

一四九九年　三〇歳

この年、外交使節としてのキャリアを開始。

四月、初めての論文「ピサに関する報告」執筆。ヴェネツィア、フィレンツェに対するピサの戦争支援から手をひくことを受け入れる。

七月、イモラの領主カテリーナ・スフォルツァ・リアーリオのもとへ使節として派遣される。

九月―一〇月、フィレンツェのピサ攻略軍、陣営を撤収。指揮官のパオロ・ヴィテッリ、裏切り行為を告発され斬首刑となる。

一〇月、フランス軍ミラノに侵攻。

一二月、チェーザレ・ボルジャ、イモラ占領。

一五〇〇年　三一歳

チェーザレ・ボルジャ、チェゼーナとフォルリを占領。ペーザロとリミニも手中におさめる。ミラノ公ロドヴィーコ、ミラノの反フランス暴動の後ミラノに復帰（二月）するも、再びノヴァーラでフランス軍に捕らえられる。

二月、ピストイアに派遣される。

五月一九日、父ベルナルド死去。

六月―七月、フランス軍ナポリ王国攻撃。一方、マキャヴェッリはピサ攻略の失敗現場に立ち会うことに。

七月、フランスに使節として派遣される（翌年一月まで）。『君主論』第三章のルーアンとの対話はこの時のものである。

一一月一一日、ルイ一二世とカトリック王フェルディナンド（フェルナンド）、ナポリ王国の分割をめぐり、グラナータ協定締結。

一五〇一年　　　　　三二歳

四月、チェーザレ・ボルジャ、ロマーニャ公に。

七月、ピストイアに派遣される。

八月、マリエッタ・ディ・ルイージ・コルシーニと結婚（七人の子供をもうけることになる）。シエーナのパンドルフォ・ペトルッチのもとへ初めて派遣される。

九月、チェーザレ・ボルジャ、シエーナとピオンビーノ占領。

一五〇二年　　　　　三三歳

二月、ピストイアに派遣される。

五月、ボローニャのジョヴァンニ・ベンティヴォリオのもとへ使節として派遣される。

六月四日、ヴィテロッツォ・ヴィテッリに支援されたアレッツォとヴァルディキアーナがフィレンツェ支配に抗して反乱を起こす。

六月二一日、チェーザレ・ボルジャ、ウルビーノを手中におさめる。

六月二四日、マキャヴェッリ、チェーザレ・ボルジャのもとへ初めて外交使節として派遣される。フィレンツェ特使フランチェスコ・ソデリーニの補佐官の身分である。

九月二二日、ピエーロ・ソデリーニ

(フランチェスコの兄)、フィレンツェ共和国の終身の「正義の旗手」(行政長官)に選出。

一〇月五日、イモラのチェーザレ・ボルジャのもとへ二度目の派遣。

一〇月九日、マジョーネの会合。オルシーニ家、ヴィテロッツォ・ヴィテッリ、オリヴェロット・ダ・フェルモ、ジャンパオロ・バリオーニ、アントニオ・ダ・ヴェローナ(シエーナのパンドルフォ・ペトルッチの代理)が出席、反ヴァレンティーノでの意志統一をはかる。これらの参加者はチェーザレによってシニガリアに招集され、オルシーニ家のパオロとフランチェスコ、オリヴェロット・ダ・フェルモ、ヴィテロッツォ・ヴィテッリは捕らえられ、後者二人は夜中に絞殺され、残りの二人は教皇がオルシーニ枢機卿を監禁した後、年が明けた一月一八日に殺害された。

一五〇三年　三四歳

二月、チェーザレ・ボルジャ、ペルージャを手中におさめ、トスカーナでの支配拡大をうかがうが、ルイ一二世に阻まれシエーナの領有の放棄を余儀なくされる。シエーナには三月二九日パンドルフォ・ペトルッチが帰還。

四月、シエーナのパンドルフォ・ペトルッチのもとへ二度目の派遣。

八月一八日、教皇アレクサンデル六世死去。九月二二日にピウス三世が選出されるが、一〇月一八日に急死する。マキャヴェッリはコンクラーヴェ（教皇選挙枢機卿会議）の状況を追うためにローマに派遣される。一一月一日、ユリウス二世（ジュリアーノ・デッラ・ローヴェレ）選出。チェーザレの没落（チェーザレは一五〇七年スペインで死去）。

一五〇四年　三五歳

一月、二度目のフランス派遣。

一五〇五年　三六歳

四月、ペルージャのジャンパオロ・バリオーニのもとへ派遣され、傭兵契約更新の交渉を行なう。

六月、マントヴァ侯フランチェスコ・ゴンザーガのもとへ派遣される。

七月、パンドルフォ・ペトルッチのもとへ三度目の派遣。

八月一七日、サン・ヴィンチェンツォでアントニオ・ジャコミーニとエルコレ・ベンティヴォリオに率いられたフィレンツェ軍がピサ傭兵軍に勝利をおさめる。

八月二一日、ピサ包囲軍陣営内のアントニオ・ジャコミーニのもとへ派遣される。

一五〇六年　三七歳

一月、「自前の軍隊」の兵士を徴募するためにムジェッロ、カゼンティーノにおもむく。このころ、市民徴兵軍に関する提言をいくつかまとめる。

八月、ユリウス二世のもとへ派遣され

る。ローマへの二度目の派遣である。ペルージャとボローニャへのユリウス二世の遠征に同行。

一五〇七年　三八歳

一月一二日、九人委員会（最高軍事機関）の書記官に任命される。

八月、シエーナに派遣される。皇帝に派遣される教皇特使と面会する。

一二月、チロルの皇帝マクシミリアン一世のもとへ使節として派遣される。

一五〇八年　三九歳

八月一六日、ピサ包囲軍の陣営へ派遣。

一二月一〇日、カンブレー同盟結成（フランス、教皇、スペイン、皇帝による反ヴェネツィア同盟）。フィレンツェ、この軍事行動への資金を拠出することに。

一五〇九年　四〇歳

一月、ピサ包囲軍の陣営へ。

六月八日、ピサ、フィレンツェに降伏。マキャヴェッリ、フィレンツェ「市民軍」の先頭に立ってピサに入る。

一一月、マントヴァへ派遣される。皇帝マクシミリアンへの拠出金支払いのためである。

一五一〇年　四一歳

六月、三度目のフランス派遣。ルイ一二世にヴェネツィアに対する軍事作戦を督促。

一五一一年　四二歳

九月一日、ユリウス二世に敵対してフランス王によって召集された会議のために高位聖職者がピサに結集。マキャヴェッリはフランス宮廷に使節として派遣され、ピサの会議の移転を強く求める。一一月一二日の三回目の会議の後、マキャヴェッリによって提出されたフィレンツェの要求により、会議の場はミラノへと移る。ミラノではさらに五回の会議が開かれた。ユリウス二世はこの会議の参加者を破門、フィレンツェを聖務停止にする。

一〇月四日、教皇、ヴェネツィア、フェッラーラ公、カトリック王フェルディナンド、英国のヘンリー八世（一一月一七日から）の対フランス神聖同盟が成立する。

一五一二年　四三歳

六月、マントヴァに会した神聖同盟の代表者たちが、ミラノにおけるスフォルツァ家の復帰とフィレンツェにおけるメディチ家の復帰を決定。スペイン－教皇連合軍がフィレンツェ共和国を攻撃。

八月二九日、スペイン軍によるプラートの略奪。三一日、ピエーロ・ソデリーニはフィレンツェからの逃亡を余儀なくされた。メディチ家はスペイン軍とともにフィレンツェ市内に入り、九月六日、新たな政権が確立される。

一一月、マキャヴェッリ、『メディチ党へ』を執筆。フィレンツェの貴族勢力の企図に対抗すべきことを訴える。

一一月一〇日、メディチ政権マキャ

ヴェッリに対し、一年間フィレンツェ領内から外に出ることを禁止。保証金として金貨で一〇〇〇フィオリーノの支払いが命じられる。

一五一三年　四四歳

二月、アゴスティーノ・カッポーニとピエトロパオロ・ボスコリの反メディチ陰謀発覚。マキャヴェッリも逮捕され拷問される。ジョヴァンニ・デ・メディチが教皇レオ一〇世に選ばれた（三月一一日）後恩赦で釈放され、ペルクッシーナのサンタンドレアに所有する山荘に引きこもる。

三月―八月、ローマのフランチェスコ・ヴェットーリと頻繁に手紙をやり取りする。この時期にはすでに『ディスコルシ（ローマ史論）』の執筆を始めていたと考えられる。

一二月一〇日、ヴェットーリあての手紙のなかで「『君主政体について』という小冊子を作成しました」と記す。

一五一四年　四五歳

二月、フィレンツェに戻る。

一五一五年　四六歳

一月一日、フランス王ルイ一二世死去。いとこのフランソワ一世が王位を継承。

一月、ジュリアーノ・デ・メディチに仕える可能性が兆《きざ》したかに思われるも、この可能性は消滅。

この年の半ばごろからオルティ・オリチェッラーリに通い始める。ここで『ディスコルシ』のいくつかの節が読み上げられたようである。

一五一六年　四七歳

一月二三日、カトリック王フェルディナンド死去。甥のハプスブルク家のカールがスペインの王位を継承（カルロス一世）。

六月、ロレンツォ・デ・メディチ（イル・マニーフィコの孫）、ウルビーノ公に。

一五一七年　四八歳

一二月、三行詩節の短詩『黄金のロバ』の創作に集中。

一五一八年　四九歳

四月、フィレンツェの商人たちの依頼でジェノヴァへ。

寓話『ベルファゴール』執筆はおそらくこの年のことである。

一五一九年　五〇歳

五月四日、ウルビーノ公ロレンツォ・デ・メディチ、二六歳で死去。

一一月二日、オルティ・オリチェッラーリの集いの中心になっていたコジモ・ルチェッライ死去。彼の追憶が『戦争の技法』に付されることになる。この本はこの年に書き始められ、一五二一年、フィレンツェのジュンタ社から出版された。

一五二〇年　五一歳

二月、マキャヴェッリ作の喜劇『マンドラーゴラ』上演。

三月一〇日、枢機卿ジュリオ・デ・メディチからロレンツォ没後のフィレンツェの統治のあり方について諮問を受ける。一二月、要請にこたえて『小ロレンツォ・デ・メディチ没後のフィレンツェ事情について』を執筆。
七月、フィレンツェの債権者たちの要請でルッカに赴く。これが『カストルッチョ・カストラカーニ伝』執筆のきっかけとなった。
一一月八日、メディチ枢機卿を長とするフィレンツェ学術局からフィレンツェ史の執筆を委託される。

一五二一年　五二歳
四月一三日、ローマ在住のピエーロ・ソデリーニから傭兵隊長プロースペロ・コロンナの書記官就任を打診されるも受諾せず。
五月、フィレンツェ共和国八人委員会よりカルピの司教座聖堂参事会総会に派遣される。この機会にこの当時モデナの総督であったフランチェスコ・グィッチャルディーニとの交流が始まる。
一二月一日、レオ一〇世死去（翌年一月九日、ハドリアヌス六世選出）。

一五二二年　五三歳
五月―六月、フィレンツェでメディチ枢機卿に対する陰謀。
六月一三日、ローマでピエーロ・ソデリーニ死去。

一五二三年　五四歳
三月、哲学者アゴスティーノ・ニーフォ、著書『統治術について』で『君主論』を剽窃《ひょうせつ》。

一一月一九日、九月一四日に死去したハドリアヌス六世の後任としてメディチ枢機卿が教皇に選出されクレメンス七世となる。

一五二五年　五六歳

五月、クレメンス七世に『フィレンツェ史』を献ずるためにローマに赴く。

六月、教皇によってロマーニャの長官となっていたフランチェスコ・グィッチャルディーニのもとへ派遣される。

八月、毛織物アルテ（毛織物工業の同業組合）によってヴェネツィアに派遣される。

一五二六年　五七歳

四月、教皇と同盟したフランスと神聖ローマ帝国皇帝カール五世（スペイン王カルロス一世）との戦争がさしせまるなか、市壁管理委員会（市壁防衛を任務とする）の責任者となる。

五月二二日、フランスのコニャックで神聖同盟結成（教皇、フランソワ一世、フィレンツェ、ミラノ、ヴェネツィア）。

九月、神聖同盟陣営内の教皇軍総軍監督フランチェスコ・グィッチャルディーニのもとへ派遣される。

一一月三〇日、フィレンツェ防衛をめぐる協議のために、八人委員会によりモデナのフランチェスコ・グィッチャルディーニのもとへ派遣される。

一五二七年　五八歳

五月六日、カール五世のドイツ人傭兵

（ランツィケネッキ）によるローマ劫略。

五月一八日、フィレンツェで反メディチ反乱が発生。メディチ政権が崩壊、共和政体が復活する。マキャヴェッリはフィレンツェに戻るがあらゆる政治的任務から排除される。

六月五日、クレメンス七世が降伏、カール五世の捕虜となる。

六月二一日、息子たちを「極貧の状態」に残して死去。翌日サンタ・クローチェ教会に埋葬される。

訳者あとがき

もう五十年近く前のことになるが、東京神田神保町にある小さなイタリア書籍専門店の二階で開かれた、イタリア語の講習会に参加した。文法五回、講読五回、週一回二時間、計二十時間のこの講習会が、私の最初にして最後のイタリア語学習経験となった。文法が終わっての講読のテキストは、アントニオ・グラムシの『獄中ノート』であった。この講習会の参加者は確か十人に満たなかったと記憶しているが、全くのイタリア語初心者の私以外は、すでにイタリアに関するひとかどの研究者ばかりで、もう一度イタリア語を学びなおそうという方々であった。当時は今とは違って、イタリア語は日本では実にマイナーな言語であって、大学における語学教員数で言うと、英語がおよそ四千人、ドイツ語が千四百人ほどであるのに対し、イタリア語の教員はわずか十七人であり、ＮＨＫの語学講座にはもちろんイタリア語などなく、参考書も辞書も全く不十分な状態であった。それで、私がなぜイタリア語を学ぼうと思ったのかというと、それはマキャヴェッリを原文で読んでみようと考えたからなのであった。私は一九六〇年代後半、全共闘運動、ベトナム反戦運動が高揚する、いわば「政治の季節」に学生生活をおくったが、この時の経験から、「政治」というものをマキャヴェッリにまでさかのぼってきちんととらえ返してみたいと思ったのである。講習が終わると、早速一巻本の『マキャヴェッリ著作集』を購入してマキャヴェッリ読解に取り掛かったのだが、これは無謀な試みであることが判明した。講習会の講読のグラムシの方は講師の解説と既存の翻訳に助けられてなんとか読むことができたが、さすがにわずか二十時間の講習を受けただけではマキャヴェッリを読みこなすのは無理な話であった。それでも一年くらいはマキャヴェッリにしがみついていた。古代から第二次世界大戦後までのイタリア史の詳細なノートも作った（このノートは我ながら「傑作」と言ってもいい出来栄えだったが、長年月のうちに失われてしまった）。だが、どうも腰を据えて一つのことにじっくり取り組む性格ではないようで、気がつくとマキャヴェッリから遠く離れた事柄に没頭して、いつのまにかイタリア料理の研究書などを読んでいたりするのであった。それでも、ほとんど「積んどく書」になってしまったが、マキャヴェッリの著作やら研究書やらは折に触れて購入していたものである。そのなかには、神保町の古書店を歩き回って手に入れた、私にとっては稀覯本ともいえるマキャヴェッリ関係の古い書物も何冊か含まれている。

それから長い時間がたって、マキャヴェッリのマの字も忘れかけていたころ、いまから十数年も前になるが、マキャヴェッリの読書会に参加することになった。多くても七、八人の参加者による「マキャヴェッリを読む会」と名付けられたこの会は、各人が分担して原文を訳出し、ひたすらマキャヴェッリを読んでいくのである。マキャヴェッリの専門家は一人もいない。『君主論』から始まったこの読書会は、『ディスコルシ』も読了し、現在『戦争の技法』を読んでいるところである。この『君主論』の翻訳もこの読書会での勉強がなかったら日の目を見ることはなかったろうと思われる。

マキャヴェッリが『君主論』を執筆したのはおよそ五百年前のことである。五百年前の言語というと、たとえば日本語でもそう簡単に読みこなすことができないが、イタリア語は、現代語も五百年前のマキャヴェッリの使用している言語もそれほど大きな違いはない。単語の綴り、動詞の変化、語順などに現代イタリア語との相違が認められるところもあるが、読みこなすのに困難なほどではない。また、マキャヴェッリの文体は、しばしば彼が勢いに乗って書き進めたことによるとみられる文法上の誤りなどが見られるものの、きわめて明確であり、現代イタリアのアカデミズムに時としてみられる、挿入節や挿入句が連なって、読んでいるうちに何を言っているのかわからなくなってしまうような論文と比べれば、むしろ読みやすいと言ってもよい（とはいえ、マキャヴェッリは、誰にでもわかるような書き方をせず、自分だけで納得しているような文章を書いていることが時々あるのだが）。その「読みやすさ」をこの翻訳でどれだけ再現できたか、いささか気になるところである。さらに、翻訳にあたり、この五百年の時の開きをどうすべきかも問題であった。結局、「現代ならばこう言うところだろう」という姿勢を貫くことになったが、その分「正確さ」は幾分犠牲になっているかもしれない。なお、校正段階で『君主論』の現代イタリア語との対訳版（*Il Principe, Edizione del cinquecentennale, con traduzione a fronte in italiano moderno di Carmine Donzelli*, 2013）を入手し利用することができた。これにより、マキャヴェッリの原文でややわかりにくい箇所を修正した。イタリアの諺《ことわざ》に「翻訳者は裏切り者（Traduttore è traditore）」というのがある。翻訳者（トゥラドゥットーレ）と裏切り者（トゥラディトーレ）のごろ合わせになっているのだが、要するに「翻訳には誤訳がつきもの」という意味である。さて、私はどの程度の裏切り者になっているだろうか。

ところで、本書では、各章に簡単な「訳注」をつけ、また、短い「解説」も添えたけれども、ひょっとするとこれは余計なことだったのではないかと危惧している。それというのも、私自身はこの種の注も解説も読んだためしがないからなのである。なぜかというと、注を読むと読書のリズムが狂わされるからであり、解説なしでは何を言っているのかわからないような本ならともかくとして、通常、自分勝手に解釈しながら読み進むからである。本書の「解説」は、『君主論』の一読者として、私自身はこう読んだということを記しているにすぎない。「こう読むのが正しい」と言いたいわけではないので念のため。

今年、二〇一七年はマキャヴェッリ没後四百九十年にあたる。そして、ロシア革命百年でもある。両者に何の関係があるのか、と疑問に思う向きもあるかもしれないが、私の考えでは、ロシア革命を主導したレーニンは、まことに「マキャヴェッリ的」(断わっておくが「マキャヴェリスト的」ではない)であった。断固たる意志に基づいて行動し、時には「悪の道に踏み込む」こともためらわずに(たとえば赤色テロルの肯定!)革命を遂行した彼は、まことに、マキャヴェッリの「革命者=新しい君主」にふさわしい。彼は、まさしく、理想を実現するためには政治の現実をくぐり抜けなければならないこと、革命がきれいごとでは済まないことをよく認識していたのである。さらにもう一つ、今年はアントニオ・グラムシ没後八十年にあたることもつけ加えておきたい。グラムシはマルクス主義者のなかで唯一マキャヴェッリと正面から取り組んだ理論家であった。ここで詳しく記すことはしないが、私のマキャヴェッリの読み方のなかには、グラムシの視点が紛れ込んでいるはずである。

本書の翻訳が出来上がるまでには多くの方々にお世話になった。まず、一緒にマキャヴェッリを読んでいる方々に感謝したい。こうした機会がなければ、再び私は漂流を続け、あちこちに寄り道しながら、マキャヴェッリからますます遠ざかっていたことにちがいないのである。そして、すぐれた校閲者の方には、訳者の言葉遣いの間違いや表現の不統一などの文章上の誤りだけでなく、原典に基づいて多くの疑問点を指摘してくださったことに対して感謝したい。翻訳作業には遅々として進まない時と滑らかにはかどる時とがある。滑らかにはかどる時は調子に乗ってどんどん進んでいくものだが、そういうところこそ注意が必要だということに気づかされた。なぜかというと、滑らかにはかどった箇所に限って多くの疑問点が指摘されていたからである。おそらく、調子に乗って厳密な翻訳作業がおろそかになっていたのであろう。最後に、出版社を紹介してくださった森田成也氏と、マイペースでの翻訳作業をさせてくださった光文社の中町俊伸氏に心からお礼申し上げる。

二〇一七年七月

kobunsha classics
光文社古典新訳文庫

君主論《くんしゅろん》

著者　マキャヴェッリ
訳者　森川《もりかわ》 辰文《よしふみ》

2017年 9 月20日　初版第 1 刷発行
2022年 2 月25日　第 2 刷発行

発行者　田邉浩司
印刷　新藤慶昌堂
製本　ナショナル製本

発行所　株式会社光文社
〒112-8011東京都文京区音羽1-16-6
電話　03（5395）8162（編集部）
03（5395）8116（書籍販売部）
03（5395）8125（業務部）
www.kobunsha.com

落丁本・乱丁本は業務部へご連絡くだされば、お取り替えいたします。
ISBN978-4-334-75361-0 Printed in Japan

いま、息をしている言葉で、もういちど古典を

長い年月をかけて世界中で読み継がれてきたのが古典です。奥の深い味わいある作品ばかりがそろっており、この「古典の森」に分け入ることは人生のもっとも大きな喜びであることに異論のある人はいないはずです。しかしながら、こんなに豊饒で魅力に満ちた古典を、なぜわたしたちはこれほどまで疎んじてきたのでしょうか。

ひとつには古臭い教養主義からの逃走だったのかもしれません。真面目に文学や思想を論じることは、ある種の権威化であるという思いから、その呪縛から逃れるために、教養そのものを否定しすぎてしまったのではないでしょうか。

いま、時代は大きな転換期を迎えています。まれに見るスピードで歴史が動いていくのを多くの人々が実感していると思います。

こんな時わたしたちを支え、導いてくれるものが古典なのです。「いま、息をしている言葉で」――光文社の古典新訳文庫は、さまよえる現代人の心の奥底まで届くような言葉で、古典を現代に蘇らせることを意図して創刊されました。気取らず、自由に、心の赴くままに、気軽に手に取って楽しめる古典作品を、新訳という光のもとに読者に届けていくこと。それがこの文庫の使命だとわたしたちは考えています。

このシリーズについてのご意見、ご感想、ご要望をハガキ、手紙、メール等で翻訳編集部までお寄せください。今後の企画の参考にさせていただきます。
メール　info@kotensinyaku.jp

光文社古典新訳文庫　好評既刊

神学・政治論（上・下）

スピノザ／吉田量彦 訳

宗教と国家、個人の自由について根源的に考察したスピノザの思想こそ、今読むべき価値がある。破門と焚書で封じられた哲学者スピノザの〝過激な〟政治哲学、70年ぶりの待望の新訳！

リヴァイアサン1、2

ホッブズ／角田安正 訳

「万人の万人に対する闘争状態」とはいったい何なのか。この逆説をどう解消すれば平和が実現するのか。近代国家論の原点であり、西洋政治思想における最重要古典の代表的存在。

市民政府論

ロック／角田安正 訳

「私たちの生命・自由・財産はいま、守られているだろうか？」近代市民社会の成立の礎となった本書は、自由、民主主義を根源的に考えるうえで今こそ必読の書である。

コモン・センス

トマス・ペイン／角田安正 訳

アメリカ独立を決定づけた記念碑的〝檄文〟。国家を冷静な眼差しで捉え、市民の心を焚きつけた当時のベストセラー。「アメリカの危機」「厳粛な思い」「対談」も収録。

人間不平等起源論

ルソー／中山元 訳

人間はどのようにして自由と平等を失ったのか？　国民がほんとうの意味で自由で平等であるとはどういうことなのか？　格差社会に生きる現代人に贈るルソーの代表作。

光文社古典新訳文庫　好評既刊

社会契約論／ジュネーヴ草稿
ルソー
中山元　訳

「ぼくたちは、選挙のあいだだけ自由になり、そのあとは奴隷のような国民なのだろうか」。世界史を動かした歴史的著作の画期的新訳。本邦初訳の「ジュネーヴ草稿」を収録。

自由論 新たな訳による決定版
ミル
斉藤悦則　訳

個人の自由、言論の自由とは何か？　本当の「自由」とは？　21世紀の今こそ読まれるべき、もっともアクチュアルな書。徹底的に分かりやすい訳文の決定版。（解説・仲正昌樹）

純粋理性批判（全7巻）
カント
中山元　訳

西洋哲学における最高かつ最重要の哲学書。難解とされる多くの用語をごく一般的な用語に置き換え、分かりやすさを徹底した画期的新訳。初心者にも理解できる詳細な解説つき。

永遠平和のために／啓蒙とは何か　他3編
カント
中山元　訳

「啓蒙とは何か」で説くのは、その困難と重要性。「永遠平和のために」では、常備軍の廃止と国家の連合を説いている。他三編をふくめ、現実的な問題を貫く論文集。

善悪の彼岸
ニーチェ
中山元　訳

西洋の近代哲学の限界を示し、新しい哲学の営みの道を拓こうとした、ニーチェ渾身の書。アフォリズムで書かれたその思想を、肉声が音楽のように響いてくる画期的新訳で！

光文社古典新訳文庫　好評既刊

ソクラテスの弁明

プラトン
納富　信留　訳

ソクラテスの裁判とは何だったのか？　ソクラテスの生と死は何だったのか？　その真実を、プラトンは「哲学」として後世に伝え、一人ひとりに、自分のあり方、生き方を問うている。

メノン――徳《アレテー》について

プラトン
渡辺　邦夫　訳

二十歳の美青年メノンを老練なソクラテスが挑発する！　西洋哲学の豊かな内容をかたちづくる重要な問いを生んだプラトン対話篇の傑作。『プロタゴラス』につづく最高の入門書！

饗宴

プラトン
中澤　務　訳

悲劇詩人アガトンの優勝を祝う飲み会に集まったソクラテスほか6人の才人たちが、即席でエロスを賛美する演説を披瀝しあう。プラトン哲学の神髄であるイデア論の思想が論じられる対話篇。

プロタゴラス――あるソフィストとの対話

プラトン
中澤　務　訳

若きソクラテスが、百戦錬磨の老獪なソフィスト、プロタゴラスに挑む。通常イメージされる老人のソクラテスはいない。躍動感あふれる新訳で甦る、ギリシャ哲学の真髄。

テアイテトス

プラトン
渡辺　邦夫　訳

知識とは何かを主題に、知識と知覚について、記憶や判断、推論、真の考えなどについて対話を重ね、若き数学者テアイテトスを「知識の哲学」へと導くプラトン絶頂期の最高傑作。

光文社古典新訳文庫　好評既刊

パイドン——魂について
プラトン
納富信留 訳

死後、魂はどうなるのか？ 肉体から切り離され、それ自身存在するのか？ 永遠に不滅なのか？ ソクラテス最期の日、弟子たちと獄中で対話する、プラトン中期の代表作。

ニコマコス倫理学（上・下）
アリストテレス
渡辺邦夫
立花幸司 訳

知恵、勇気、節制、正義とは何か？ 意志の弱さ、愛と友人、そして快楽。もっとも古くて、もっとも現代的な究極の幸福論、究極の倫理学講義をアリストテレスの肉声が聞こえる新訳で！

詩学
アリストテレス
三浦洋 訳

古代ギリシャ悲劇を分析し、「ストーリーの創作」として詩作について論じた西洋における芸術論の古典中の古典。二千年を超える今も多くの人々に刺激を与え続ける偉大な書物。

人生の短さについて 他2篇
セネカ
中澤務 訳

古代ローマの哲学者セネカの代表作。人生は浪費すれば短いが、過ごし方しだいで長くなると説く表題作ほか2篇を収録。2000年読み継がれてきた、よく生きるための処方箋。

読書について
ショーペンハウアー
鈴木芳子 訳

「読書とは自分の頭ではなく、他人の頭で考えること」……。読書の達人であり一流の文章家ショーペンハウアーが繰り出す、痛烈かつ辛辣なアフォリズム。読書好きな方に贈る知的読書法。

光文社古典新訳文庫　好評既刊

幸福について

ショーペンハウアー
鈴木　芳子　訳

「人は幸福になるために生きている」という考えは人間生来の迷妄であり、最悪の現実世界の苦痛から少しでも逃れ、心穏やかに生きることが幸せにつながると説く幸福論。

カンディード

ヴォルテール
斉藤　悦則　訳

楽園のような故郷を追放された若者カンディード。恩師の「すべては最善である」の教えを胸に度重なる災難に立ち向かう……。「リスボン大震災に寄せる詩」を本邦初の完全訳で収録！

寛容論

ヴォルテール
斉藤　悦則　訳

狂信と差別意識の絡む冤罪事件にたいし、ヴォルテールは被告の名誉回復のため奔走する。理性への信頼から寛容であることの意義、美徳を説いた最も現代的な歴史的名著。

フランス革命についての省察

エドマンド・バーク
二木　麻里　訳

進行中のフランス革命を痛烈に批判し、その後の恐怖政治とナポレオンの登場までも予見。英国の保守思想を体系化し、のちに「保守主義の源泉」と呼ばれるようになった歴史的名著。

存在と時間（全8巻）

ハイデガー
中山　元　訳

「存在（ある）」とは何を意味するのか？　刊行以来、哲学の領域を超えてさまざまな分野に影響を与え続ける20世紀最大の書物。定評ある訳文と詳細な解説で攻略する！